Kleist | Das Erdbeben in Chili

Lektüreschlüssel XL

für Schülerinnen und Schüler

Dieses Buch wurde klimaneutral gedruckt.

Alle CO_2-Emissionen, die beim Druckprozess unvermeidbar entstanden sind, haben wir durch ein Klimaschutzprojekt ausgeglichen, das sich für den Regenwaldschutz in Papua-Neuguinea einsetzt.

Nähere Informationen finden Sie hier:

Klimaneutral
Druckprodukt
ClimatePartner.com/14058-1912-1001

Heinrich von Kleist

Das Erdbeben in Chili

Von Mathias Kieß

Reclam

Dieser Lektüreschlüssel bezieht sich auf folgende Textausgabe:
Heinrich von Kleist: *Das Erdbeben in Chili.* Hrsg. von Martin C. Wald.
Stuttgart: Reclam 2019. (Reclam XL. Text und Kontext, Nr. 19409.)
Diese Ausgabe des Werktextes ist seiten- und zeilengleich
mit der in Reclams Universal-Bibliothek Nr. 8002.

E-Book-Ausgaben finden Sie auf unserer Website
unter www.reclam.de/e-book

Lektüreschlüssel XL | Nr. 15528
2021 Philipp Reclam jun. Verlag GmbH,
Siemensstraße 32, 71254 Ditzingen
Druck und Bindung: Kösel GmbH & Co. KG,
Am Buchweg 1, 87452 Altusried-Krugzell
Printed in Germany 2021

ISBN 978-3-15-015528-8

Auch als E-Book erhältlich

www.reclam.de

Inhalt

1. Schnelleinstieg

Autor	Heinrich von Kleist, geb. 18. Oktober 1777 in Frankfurt (Oder), gest. 21. November 1811 am Kleinen Wannsee, Berlin
Entstehungszeit und Veröffentlichung	• Entstehung vermutlich 1806 • Erstveröffentlichung im *Morgenblatt für gebildete Stände*, einer Literaturzeitschrift der Cotta'schen Verlagsbuchhandlung im Jahr 1807 (unter dem Titel: *Jeronimo und Josephe. Eine Scene aus dem Erdbeben zu Chili vom Jahr 1647*) • 1810 Veröffentlichung im Band *Erzählungen* (unter dem heutigen Titel)
Gattung	Erzählung/Novelle
Handlung	Eltern eines unehelichen Kindes entgehen dank eines Erdbebens ihrer Strafe und werden im Anschluss von einer wütenden Meute getötet.
Handlungszeit	Zwei Tage und eine Nacht, mit zwei Rückblenden
Handlungsorte	St. Jago, Hauptstadt des Königreichs Chili (Santiago, Chile), und Hügel vor der Stadt

Heinrich von Kleist wurde nur 34 Jahre alt. Zu seinen Lebzeiten kommt seine literarische Karriere nur schwer ins Rollen. Zwar schreibt er einige mehr oder weniger bekannte Dramen, aber er schafft es nicht, Förderer für sich zu gewinnen oder Kritiker von sich zu überzeugen. Nachdem er sich 1811 am Kleinen Wannsee das Leben nimmt, dauert es noch bis in die zweite Hälfte des 19. Jahrhunderts, bis seine Werke

Kleists literarischer Erfolg

wiederentdeckt und von der Kritik gelobt werden. Oft erhalten die Dramen den Vorrang vor den Erzählungen und finden schnell den Eingang in den Kanon der Schulliteratur.

Erst viel später ist dies auch den Erzählungen vergönnt. Besonders die kunstvollen und informationsreichen Schachtelsätze machen ihren Charme aus, und dank der relativen Kürze der Prosa eignen sie sich gut für den Deutschunterricht. Auch Kleists Erzählung *Das Erdbeben in Chili* ist nicht sehr umfangreich und kann in wenigen Unterrichtsstunden behandelt werden. Trotzdem gelingt es Kleist, mehrere philosophische Themen parallel zu behandeln und seine Leserinnen und Leser von Beginn an zu fesseln.

Das Erdbeben in Chili

Die Erzählung spielt im Jahre 1647 und wurde 1807 in der Literaturzeitschrift *Morgenblatt für gebildete Stände* veröffentlicht. Demnach liegen etwa 160 Jahre zwischen der behandelten Zeit und der Gegenwart des Autors. Die Literaturwissenschaft spricht in einem solchen Fall von einer doppelten Historizität. Wollen Leserinnen und Leser aus dem 21. Jahrhundert das Werk in Gänze verstehen, so müssen sie sowohl mit den Besonderheiten der Mitte des 17. Jahrhunderts als auch mit den Besonderheiten des beginnenden 19. Jahrhunderts ein wenig vertraut sein.

Doppelte Historizität

Tatsächlich gab es im Jahr 1647 in Chile (in der Erzählung: »Chili«) ein Erdbeben, das auch die Hauptstadt Santiago (in der Erzählung: »St. Jago«) getroffen hat. Geistesgeschichtlich bezieht sich Kleist jedoch auf das Erdbeben von Lissabon im Jahre 1755. Nach

Das Erdbeben von Lissabon

dieser Naturkatastrophe gab es zahlreiche Debatten in Philosophie und Theologie, die sich der Frage nach einem gerechten Gott und dem Sinn von Religion im Allgemeinen widmeten. Dieses Erdbeben fand direkten Eingang in die Schriften von Voltaire, Rousseau und Kant und beeinflusste Literaten bis zur Jahrhundertwende zum 19. Jahrhundert.

2. Inhaltsangabe

Kleists Erzählung ist nicht weiter in Kapitel, jedoch in der diesem Lektüreschlüssel zugrunde liegenden Ausgabe in 31 Absätze unterteilt (zur Absatzeinteilung verschiedener Textfassungen siehe Kapitel »Form und literarische Technik«, S. 54). Diese durch den Autor vorgegebene Einteilung hilft bei einer inhaltlichen Annäherung an die Erzählung kaum, da die Absätze zu zahlreich sind. Deshalb soll hier eine Einteilung in sieben Sinnabschnitte erfolgen, die zwar unterschiedlich lang sind, aber jeweils einem neuen Handlungsteil entsprechen.

(1) Erster Satz (S. 5, Z. 2 – S. 5, Z. 8)

> »In St. Jago, der Hauptstadt des Königreichs Chili, stand gerade in dem Augenblicke der großen Erderschütterung vom Jahre 1647, bei welcher viele tausend Menschen ihren Untergang fanden, ein junger, auf ein Verbrechen angeklagter Spanier, namens *Jeronimo Rugera*, an einem Pfeiler des Gefängnisses, in welches man ihn eingesperrt hatte, und wollte sich erhenken.« (S. 5)

In nur einem – wenn auch sehr langen – Satz gelingt es Kleist, Handlungszeit und -ort, eine der Hauptfiguren und die Ausgangssituation zu benennen. Und diese hat es in sich: Ein junger Sträfling will sich selbst töten, als ein Erdbeben einsetzt. Unweigerlich drängen sich den Leserinnen und Lesern zwei Fragen auf. Wie kam der Mann in diese Situation? Und wie wird sie sich auflösen? Die erste Frage betrifft die Vergangenheit und Gegenwart des Häftlings. Man will erfahren, welches Verbrechen er begangen hat und warum er sich umbringen will. Die zweite Frage betrifft seine Zukunft. Die Leserinnen und Leser fragen sich, wie es ihm ergehen wird, ob er sich befreien kann, ob er weiterhin an seinem Wunsch zu sterben festhalten wird.

Zwei Fragen

(2) Die Vorgeschichte (S. 5, Z. 8 – S. 6, Z. 31)

Nach diesem komprimierten Beginn erhalten die Leserinnen und Leser zunächst Antworten auf den ersten Fragenkomplex. Um Spannung aufzubauen, erzählt Kleist zunächst die Vorgeschichte des Protagonisten. Jeronimo war Hauslehrer bei einem der reichsten Adligen der Stadt und wird entlassen, weil er eine Affäre mit der Tochter des Hauses, Josephe, hat (S. 5).

Josephe im Kloster

Josephe wird von ihrem Vater in ein Kloster geschickt. Doch Jeronimo findet weiterhin Wege, sie zu treffen. Josephe wird schwanger und ihre Wehen setzen während der Feierlichkeiten zu Fronleichnam ein. Hat sie es bisher anscheinend geschafft, ihre Schwangerschaft geheim zu halten, so erregt sie nun »außerordentliches Aufsehn« (S. 5) und wird ohne Rücksicht auf ihren Zustand in ein Gefängnis gesperrt. Eine schwangere Nonne ist ein Skandal zu dieser Zeit, und der Erzbischof macht ihr gleich nach der Entbindung ihres Kindes den Prozess. Weder ihre einflussreiche Familie noch die ihr gut gesinnte Klostervorsteherin schaffen es, die Todesstrafe für Josephe abzuwenden. Lediglich der Feuertod soll ihr erspart bleiben, denn der Vizekönig setzt sich dafür ein, dass Josephe enthauptet werde. So ist der Verurteilten zumindest ein schneller Tod vergönnt (S. 6).

Jeronimo im Gefängnis

Verglichen mit seiner Geliebten ist es Jeronimo relativ gut ergangen. Er wurde lediglich ins Gefängnis gesperrt. Dort erfährt er vom Schicksal Josephes, denn die Hinrichtung ist ein großes Event. Fenster und Dächer, von denen aus man einen guten Blick auf das Geschehen hat, werden vermietet, und die »frommen Töchter der Stadt luden ihre Freundinnen ein« (S. 6). Jeronimo misslingen Ausbruchsversuche und so beschließt er, zeitgleich mit seiner Geliebten durch die eigene Hand zu sterben.

(3) Wie Jeronimo das Erdbeben erlebt (S. 6, Z. 31 – S. 9, Z. 27)

Die Vorgeschichte geht sanft und ohne klaren Schnitt in die Gegenwart der Erzählung über. Nur durch das Textsignal »wie schon gesagt« (S. 6) bemerken die Leserinnen und Leser, dass nun wieder die Situation des ersten Satzes erreicht ist. Dieser erste Satz hätte an dieser Stelle stehen müssen, wenn der Erzähler sich an die chronologische Reihenfolge der Ereignisse gehalten hätte. Da er jedoch am Anfang steht, dient er als Vorausblende.

Zu Beginn des Erdbebens setzt sich der Überlebensinstinkt Jeronimos gegen seinen Todeswunsch durch und er klammert sich an den Pfeiler, an dem er sich eigentlich erhängen wollte (S. 7). Aus dem zerstörten Gefängnis kann der Häftling nach draußen flüchten.

Anschließend beschreibt der Erzähler das Erdbeben und wie es Jeronimo glückt, aus der Stadt zu entkommen. Es gelingt dem Autor durch zahlreiche Personifikationen und zwei parallel gestaltete Sätze, die Gleichzeitigkeit und die Grausamkeit zahlreicher Einzelbeobachtungen darzustellen (S. 7); eine genaue Analyse folgt in Kapitel 4 (S. 57–59).

■ Darstellung des Erdbebens

Außerhalb der Stadt sinkt Jeronimo für eine Viertelstunde bewusstlos nieder. Als er aufwacht, stellt er seine Unversehrtheit fest. Glücklich genießt er die blühende Landschaft, die St. Jago umgibt. Einzig die »verstörten Menschenhaufen« (S. 8) stören die Idylle. Er dankt Gott für sein Leben und beginnt vor Glück zu weinen. Als er sich an Josephe und die geplante Hinrichtung erinnert, ändert sich seine Einstellung Gott gegenüber zum Negativen: »fürchterlich schien ihm das Wesen, das über den Wolken waltet« (S. 8). Sofort begibt sich Jeronimo auf die Suche nach seiner Geliebten.

■ Jeronimo kommt mit dem Leben davon

Obwohl eine Passantin auf die Nachfrage, ob die Hinrichtung vollzogen wurde, behauptet, Josephe sei enthauptet worden, sucht Jeronimo nach kurzem Wanken unbeirrt weiter (S. 8 f.). Die Wege um die Stadttore sind mittlerweile voller Menschen, die sich aus der Stadt retten. Andere haben sich bereits vor der

■ Suche nach Josephe

Stadt niedergelassen. Jeronimo sucht die gesamte Umgebung ab, und als die Sonne schon wieder unterzugehen droht, findet er Josephe, die gerade ihr gemeinsames Kind Philipp in einer Quelle wäscht (S. 9). Sie umarmen sich glücklich.

(4) Wie Josephe das Erdbeben erlebt (S. 9, Z. 28 – S. 11, Z. 8)

Nun durchbricht der Erzähler ein zweites Mal die chronologische Reihenfolge der Ereignisse und springt einige Stunden in die Vergangenheit, indem er berichtet, wie die zweite Hauptfigur das Erdbeben er- und überlebt.

Josephe befindet sich auf dem Weg zum Richtplatz, als das Erdbeben einsetzt. Die Prozession wird durch das Beben auseinandergesprengt, und sie flüchtet Richtung Stadttor, als sie sich an ihren Sohn Philipp erinnert, der noch im Kloster ist. Sie findet das Kloster in Flammen vor, und die Äbtissin schreit um Hilfe, da das Baby noch im Inneren ist. Unerschrocken geht Josephe in das Klostergebäude und rettet das Baby aus Flammen und Rauch.

■ Josephe rettet ihren Sohn

Anschließend muss sie mit ansehen, wie die Äbtissin und einige Schwestern unter Trümmerteilen begraben werden. Die junge Mutter bleibt kurz zurück, um der Klostervorsteherin die Augen zu schließen. Auf ihrer Flucht aus der Stadt findet sie die Leiche des Erzbischofs (S. 10) – er hat Josephe zuvor den Prozess gemacht (S. 5). Auch die Gebäude, die ihren Leidens-

■ Die am Prozess Beteiligten sind tot

weg verdeutlichen, sind zerstört: das väterliche Haus, das Kloster, die Kathedrale des Erzbischofs, der Palast des Vizekönigs und der Gerichtshof, in dem das Urteil gesprochen wurde (S. 10).

Während die eben erwähnten zerstörten Gebäude in rascher Folge aufgezählt werden, erhält das zerstörte Gefängnis mehr Raum in der Erzählung: Zunächst sinkt Josephe nieder, da sie davon ausgeht, ihr geliebter Jeronimo liege unter den Trümmern begraben. Doch dann wird sie sich bewusst, dass dieser Schluss nicht notwendigerweise wahr sein muss. An einer Gabelung wartet sie auf Jeronimo. Mit der Zeit gibt sie die Hoffnung jedoch auf und begibt sich in ein »dunkles, […] beschattetes Tal«, in dem sie auf Jeronimo trifft und das für sie so zum »Tal von Eden« (S. 11) wird.

Auch das Gefängnis ist zerstört

(5) Liebesglück und soziale Utopie (S. 11, Z. 9 – S. 15, Z. 23)

Geschickt leitet Kleist wieder in die Gegenwart der Erzählung über: »Dies alles erzählte sie jetzt voll Rührung dem Jeronimo« (S. 11). Sie verbringen die erste Nacht nahe der Quelle, an der sie sich wiedergefunden haben, und denken darüber nach, »wie viel Elend über die Welt kommen musste, damit sie glücklich würden« (S. 11). Bevor sie im Morgengrauen einschlafen, entscheiden sie sich, schnellstmöglich in die nahegelegene Hafenstadt La Conception zu reisen, um von dort aus nach Spanien einzuschiffen, wo Jeronimos Verwandte wohnen. Das Liebespaar scheint sich also bewusst, dass sein Glück nur so lange anhält, wie die Wirren des Erdbebens die Stadt im Griff haben.

Don Fernando Ormez und seine Familie

Am nächsten Tag passiert etwas Unerwartetes. Das junge Liebespaar wird in eine Familiengemeinschaft eingeführt: Als Don Fernando Ormez, ein angesehener Bürger der Stadt, fragt, ob sein Sohn Juan an Josephes Brust gesäugt werden könne, da seine Frau Donna Elvire schwer verletzt sei, gibt Josephe ihre Zustimmung (S. 12). Schnell lernen sie beim Frühstück auch den Rest der Familie kennen. Das sind Don Pedro, Fernandos Schwiegervater, und dessen drei Töchter; die eben erwähnte Donna Elvire mit ihrem Säugling Juan, sowie Donna Elisabeth und Donna Constanze. Rasch entwickelt sich eine Vertrautheit zwischen dem wiedervereinten Liebespaar und der Familie. (Eine Übersicht über die Familie findet sich auch im Figurenverzeichnis des dritten Kapitels dieses Lektüreschlüssels, S. 26.)

Stimmung der Überlebenden untereinander

Immer wieder wird betont, mit welcher Freundlichkeit (S. 12) die Überlebenden miteinander umgehen und wie liebreich (S. 13) ihre Blicke sind. Nur Donna Elisabeth schaut bisweilen verträumt auf Josephe. Sie war von einer Freundin zur Hinrichtung von Josephe eingeladen worden, ist dem Spektakel jedoch ferngeblieben.

Aus der Stadt wird von Unfrieden und Gewalt berichtet: So beschwören Geistliche das Ende der Welt, und der Vizekönig hat Galgen errichten lassen, um Plünderern Einhalt zu gebieten. Da für gerichtliche

Verfahren und der damit einhergehenden Wahrheitsprüfung der Anschuldigungen keine Zeit ist, sind auch Unschuldige der Lynchjustiz zum Opfer gefallen. So findet ein Mann den Tod, der sich durch ein brennendes Haus zu retten versucht, weil dessen Besitzer ihn für einen Dieb hält (S. 13). Auch anarchische Tendenzen sind zu erkennen: Bewohnerinnen und Bewohner behaupten, »es gäbe keinen Vizekönig von Chili mehr!« (S. 13).

■ Anarchie und Lynchjustiz in der Stadt

Nicht nur innerhalb der Familie, sondern unter allen Überlebenden, die außerhalb der Stadt verweilen, ist die Stimmung trotz oder gerade wegen des erlebten Unglücks positiv. Was der Erzähler beschreibt, gleicht einer sozialen Utopie: Der »menschliche Geist« gehe »wie eine schöne Blume« (S. 14) auf und das Unglück habe alle »zu *einer* Familie gemacht« (S. 14). Die Ständegesellschaft scheint überwunden, wenn »Fürsten und Bettler, Matronen und Bäuerinnen, Staatsbeamte und Tagelöhner, Klosterherren und Klosterfrauen« (S. 14) nebeneinanderliegen und sich gegenseitig helfen. Die oberflächlichen Gespräche, die man sonst beim Teetrinken führt, weichen nun Erzählungen von echtem Heldentum, und es gibt nicht eine einzige Figur, die nicht Großes erlebt oder geleistet hat (S. 14).

■ Eine soziale Utopie?

Josephe pflegt währenddessen die Wunden von Donna Elvire (S. 13). Die beiden Frauen kommen dabei ins Gespräch, und Josephe lässt sich vom optimistischen Geist der anderen anstecken und erzählt möglicherweise, dass sie die verurteilte Straftäterin ist

■ Josephe öffnet sich Elvire?

und wie ihre kleine Familie wieder zusammengefunden hat. Der Erzähler bleibt hier vage: »Und da Josephe ihr, mit beklemmten Herzen, einige Hauptzüge davon angab« (S. 13), ergriff Donna Elvire »ihre Hand und drückte sie, und winkte ihr, zu schweigen« (S. 14). Auch wenn die Leserinnen und Leser nicht explizit erfahren, wie viel Josephe von sich preisgibt, so wird doch angedeutet, dass Elvire darum weiß, dass es sich bei ihrer Gesprächspartnerin um die zum Tode Verurteilte Josephe handelt.

■ Jeronimo gibt Fluchtplan auf

Jeronimo und Josephe sind von der Stimmung unter den Menschen im Tal vor der Stadt so überwältigt, dass sie ihren Fluchtplan noch einmal überdenken. Jeronimo hofft auf eine Begnadigung durch den Vizekönig und im Anschluss auf ein friedvolles Familienleben in Chili. So schnell wie möglich will er den Herrscher sprechen und vor ihm auf die Füße fallen. Josephe ist zuversichtlich, sich mit ihrem Vater versöhnen zu können. Jedoch ist sie etwas vorsichtiger und schlägt vor, ein schriftliches Gnadengesuch von La Conception aus einzureichen, damit man bei einer negativen Antwort schon in Hafennähe sei und nach Europa aufbrechen könne. Jeronimo stimmt zu (S. 15).

(6) Gottesdienst und Lynchjustiz (S. 15, Z. 24 – S. 21, Z. 19)

Als am Nachmittag auch die kleinen Nachbeben aufgehört haben, verbreitet sich die Kunde über einen Gottesdienst, der in der Stadt abgehalten werden soll.

Die Messe soll in der Dominikanerkirche stattfinden, die das Erdbeben als einziges Gotteshaus überstanden hat. Der Prälat des Klosters will die Messe selbst halten und Gott anflehen, ein weiteres Unglück zu verhindern (S. 15). Schon machen sich zahlreiche Menschen auf den Weg in die Stadt.

Diskussion, ob man an der Messe teilnimmt

Auch Don Fernandos Familie diskutiert, ob sie die Messe besuchen soll. Donna Elisabeth, die vorhin bereits eine Weile scheinbar in Gedanken vertieft auf Josephe gestarrt hat, spricht sich gegen eine Teilnahme aus. Sie führt an, dass solche Feste wiederholt werden würden und dass es, in Anbetracht der Unruhen am Vortag, nicht sicher sei, in die Kirche zu gehen. Sie begründet ihre Sicherheitsbedenken jedoch nicht. Wahrscheinlich will sie nicht schlecht über Josephe und ihre kleine Familie reden. Josephe selbst möchte unbedingt gehen, da sie Gott für ihr neu gewonnenes Glück danken will. Donna Elvire stimmt ihr zu und überredet den Rest ihrer Familie. Elisabeth jedoch zögert immer noch aufgrund eines unguten Vorgefühls, das sie nicht näher beschreibt. Schließlich entscheidet sie sich, bei ihrem kranken Vater und der verletzten Schwester Donna Elvire zurückzubleiben. Josephe will ihr den kleinen Juan geben, doch dieser hat sich bereits an Josephe gewöhnt und beginnt zu weinen, als er von ihr getrennt zu werden droht. Schließlich nimmt Josephe ihn mit (S. 16).

Nun brechen vier Erwachsene und zwei Kinder auf. Sie laufen in folgender Konstellation: Josephe trägt den kleinen Juan und Don Fernando führt sie am

Arm. Jeronimo geht derweil mit Donna Constanze und trägt seinen eigenen Sohn Philipp (S. 17). Unbeteiligte würden vermutlich annehmen, es handle sich um zwei Paare, die jeweils einen Säugling dabeihaben.

Elisabeth äußert erneut Bedenken

Als sich die Gruppe gerade fünfzig Schritte entfernt hat, unternimmt Elisabeth noch einen Versuch, die Gruppe aufzuhalten. Zuvor hat sie sich angeregt mit Elvire unterhalten und diese bestätigt ihr ungutes Gefühl wahrscheinlich, indem sie sie auf Josephes Geheimnis hinweist. Nun flüstert Elisabeth Don Fernando etwas ins Ohr (S. 17). Dieser stellt Rückfragen und entgegnet schließlich, Donna Elvire möge sich beruhigen. Die Gruppe geht wie geplant zum Gottesdienst.

Die Predigt peitscht die Menge auf

Die Kirche ist brechend voll und auch auf dem Vorplatz haben sich Gläubige versammelt. Der Gottesdienst beginnt mit einer Predigt, die einer der ältesten Chorherren hält. Bei seinen Ausführungen nimmt er kein Blatt vor den Mund. Er sagt, das Jüngste Gericht könne kaum schlimmer sein als das Erdbeben des Vortages und deutet das Unglück als Strafe Gottes für den Sittenverfall in der Stadt. Es sei nur der unendlichen Geduld Gottes zuzuschreiben, dass St. Jago noch nicht völlig untergegangen sei (S. 18).

Als Beispiel für den sittlichen Verfall führt der Chorherr schließlich das Verhältnis Jeronimos und Josephes und den Vorfall im Klostergarten der Karmeliterinnen an. Er nennt die beiden »Täter« (S. 18) beim Namen und zeigt sich auch entsetzt über das weltliche Gericht, das Josephe einen schnellen Tod zugesprochen hat. Nun wird Donna Constanze klar, mit wem ihre Familie den letzten Tag verbracht hat, und sie ruft entsetzt »Don Fernando!« (S. 18) Dieser reagiert ruhiger, da er dank Elisabeth und Elvire einen Wissensvorsprung hat. Ohne viel Aufsehen will er die Gruppe aus der Kirche evakuieren. Doch dies scheitert, weil jemand Jeronimo und Josephe erkannt zu haben glaubt und ruft, dass die »gottlosen Menschen« (S. 18) mitten unter ihnen seien.

Nun gibt sich Don Fernando als Sohn des Kommandanten der Stadt, also als Angehöriger einer hochrangigen Militärperson, zu erkennen. Doch ein nahestehender Schuster mit Namen Pedrillo erkennt Josephe und fragt, wer der Vater des Kindes in Josephes Arm sei. Don Fernando zögert, denn tatsächlich hält Josephe ja seinen eigenen Sohn in den Händen. Josephe beteuert, das Baby sei nicht ihr eigenes, und bekräftigt, dass es sich bei ihrem Nachbarn um Don Fernando handelt.

■ Josephe wird entdeckt

Der Schuster fragt daraufhin, ob jemand der Umstehenden den vor ihm Stehenden kennt, doch ehe jemand antworten kann, wendet sich der kleine Juan von Josephe ab und will zu Don Fernando. Die Leute in der Kirche nehmen nun richtigerweise an, er sei der Vater des Kindes. Fälschlicherweise denken sie jedoch auch, er müsse darum Jeronimo sein. Sofort wird die Tötung der drei gefordert. Nun erst gibt sich Jeronimo zu erkennen und verlangt, Don Fernando gehen zu lassen (S. 19).

■ Don Fernando und Jeronimo werden verwechselt

Erst als ein Marineoffizier, Don Alonzo, die Identität Fernandos bestätigt, lässt der Mob von ihm ab. Es herrscht allgemeine Verwirrung. Diese will Don Fernando nutzen, indem er fordert, Josephe und Jeronimo zu ihrer eigenen Sicherheit zu verhaften. Auch versucht er, Jeronimo zu schützen, indem er Jeronimos Bekenntnis der eigenen Identität als Nothilfe darstellt: Der junge Mann habe sich nur als Jeronimo ausgegeben, um ihn selbst aus seiner Bedrängnis zu befreien. Auch der Schuster Pedrillo, so schlägt Fernando vor, soll abgeführt werden, weil er den Aufruhr ausgelöst habe. Doch die Menge ist von der Identität Josephes überzeugt, nachdem der Marineoffizier Don Alonzo nicht entschieden genug reagiert, als er vom Schuster zu ihr befragt wird. Diese übergibt kurzentschlossen beide Säuglinge an Don Fernando und sagt, er solle seine beiden Kinder retten. Doch Fernando bittet um den Degen des Marineoffiziers und bahnt seiner Gesellschaft den Weg ins Freie.

■ Don Fernando kämpft für Jeronimo und Josephe

Auch der Platz vor der Kirche ist voller aufgebrachter Leute. Einer von ihnen schreit: »dies ist Jeronimo Rugera, ihr Bürger, denn ich bin sein eigner Vater!« (S. 20) Danach streckt er Jeronimo mit einem Keulenschlag nieder. Donna Constanze, die neben ihm stand, wird fälschlicherweise für Josephe gehalten, als »Klostermetze« (S. 20) beschimpft und nur wenige Sekunden später ebenfalls getötet. Direkt im Anschluss wird sie als Donna Constanze identifiziert.

■ Jeronimo und Constanze werden getötet

Der Schuster Pedrillo hetzt den Mob sogleich erneut auf und fordert den Tod von Josephe. Eine Zeit

Abb. 1: Lithografie von Alois Kolb zum *Erdbeben in Chili*, die Jeronimo im Kampf gegen die Meute zeigt (1921)

lang gelingt es dem wutentbrannten Don Fernando, den Mob von den Kindern fernzuhalten. Mit den Worten »hier mordet mich, ihr blutdürstenden Tiger« (S. 20 f.) wirft sich Josephe schließlich in den Mob und hofft so, den beiden Jungen und Fernando zumindest etwas Zeit zu erkaufen. Es ist Pedrillo persönlich, der sie erschlägt. Anschließend fordert er die Ermordung des Bastards, gemeint ist Josephes Sohn Philipp.

Josephe opfert sich

Don Fernando steht im wahrsten Sinne des Wortes mit dem Rücken zu Wand. In der linken Hand hat er die zwei Neugeborenen, in der rechten führt er den Degen. Es gelingt ihm, sieben Angreifer zu töten, bevor Pedrillo schließlich eines der Kinder – es ist der kleine Juan – am Bein erwischt und es im hohen Bogen gegen einen Kirchenpfeiler wirft. Das Kind ist sofort tot und liegt völlig zerschmettert auf dem Boden, und es kehrt plötzlich Stille ein. Der Tod des unschuldigen Kindes scheint selbst für den aufgebrachten Mob zu viel zu sein, und er zerstreut sich. Insgesamt haben mindestens elf Menschen das Leben verloren.

Juan wird ermordet

(7) Ende und Ausblick (S. 21, Z. 20 – S. 22, Z. 5)

Kleist lässt seine Erzählung nicht mit diesem Paukenschlag enden. Er verliert jedoch nur noch wenige Worte, um zu zeigen, was die verbliebenen Figuren im Folgenden machen. Der Marineoffizier Don Alonzo hilft Don Fernando die Leichen wegzuschaffen und gibt ihm zunächst Obdach. Fernando weiß nicht, wie er seiner Frau Donna Elvire den Tod des gemeinsamen Kindes beibringen soll. Einerseits will er sie wegen ihrer Verletzung schonen und andererseits ist er sich nicht sicher, wie sie seine Rolle bei den Vorfällen in und vor der Kirche beurteilen wird.

Der letzte Satz

Donna Elvire erfährt über andere Kanäle vom Tod ihres Sohnes. Nach kurzer Trauer fällt sie ihrem Mann um den Hals. Kleist entlässt seine Leserinnen und Leser mit einem kunstvollen Satz und einem halb-offenen Ende: »Don Fernando und Donna Elvire nahmen hierauf den kleinen Fremdling zum Pflegesohn an; und wenn Don Fernando Philippen mit Juan verglich, und wie er beide erworben hatte, so war es ihm fast, als müsst er sich freuen.« (S. 22)

3. Figuren

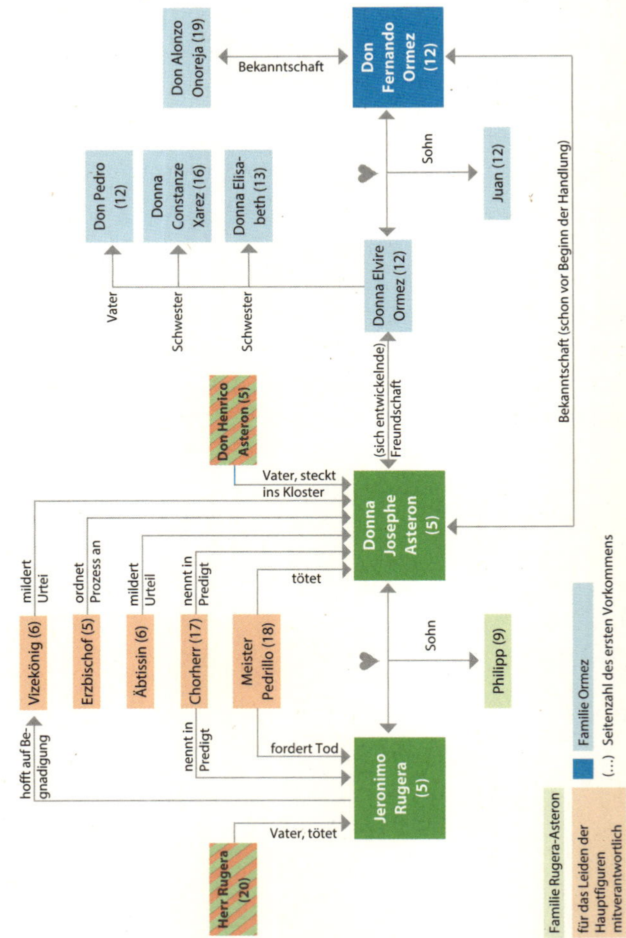

Abb. 2: Figurenkonstellation

Die Figuren in *Das Erdbeben in Chili* treten meist als direkt Handelnde auf. Nur selten erfahren wir etwas über ihr Innenleben und dann nur in Form von kurzen Kommentaren des Erzählers. Ausführliche Psychogramme und lange Dialoge der Figuren lässt Kleist aus. Trotzdem wäre es falsch zu behaupten, seine Figuren hätten keine Charaktertiefe, denn aus ihren Handlungen lassen sich Rückschlüsse auf ihren Charakter ziehen.

■ Kaum Innenperspektive

Um den Text übersichtlicher zu halten, wird in diesem Lektüreschlüssel meist darauf verzichtet, die den Namen vorangestellten Adelsprädikate *Don* oder *Donna* zu verwenden. In späteren Zeiten wird die Anrede in Spanien und Süd- und Mittelamerika auch für angesehene Bürgerinnen und Bürger oder Ältere nichtadliger Herkunft verwendet. Zum Handlungszeitpunkt, dem Jahre 1647, zeigt es jedoch stets adlige Abstammung an. Außer Jeronimo tragen alle Hauptfiguren dieses Prädikat.

Wie die Abbildung zeigt, kann man die Figuren in drei Gruppen einteilen. Die ersten beiden Gruppen lassen sich anhand der Familienzugehörigkeit bilden. Zur Familie um die beiden Hauptfiguren Josephe (Asteron) und Jeronimo (Rugera) gehören auch ihre beiden Väter und ihr gemeinsamer Sohn Philipp. Die Familie Henricos und seiner Tochter Josephe ist höheren Standes als die Jeronimos und seines Vaters, dessen Vorname nie erwähnt wird.

■ Jeronimo und die Familie Asteron

Zur Familie um Fernando Ormez und seine Frau Elvire gehört der gemeinsame Sohn Juan, der Vater

Don Fernando Ormez und seine Familie

Elvires, Don Pedro, sowie ihre beiden Schwestern Elisabeth und Constanze. Der Marineoffizier Alonzo Onoreja, der ein Bekannter Fernandos ist, wird der Einfachheit halber ebenfalls zu dieser Figurengruppe gerechnet. Wir erfahren auch den Nachnamen von Constanze: Er lautet Xares (S. 20). Der Nachname der anderen Schwester und des Vaters werden nicht genannt.

Schustermeister Pedrillo und die anderen Peiniger

Die übrigen Figuren verbindet, dass sie das Leiden des jungen Liebespaares verursachen, begleiten oder verstärken. Zu ihnen können auch die beiden Väter gerechnet werden, denn Henrico Asteron schickt seine Tochter ins Kloster und der Vater Jeronimos tötet seinen Sohn eigenhändig. Außerdem gehören hierzu einige Figuren, deren Verstrickungen in das Leiden Jeronimos und Josephes in den Rückblenden erwähnt werden, wie zum Beispiel der Vizekönig und der Erzbischof. Am wichtigsten sind sicherlich der Chorherr, der die Predigt hält, die den Mob überhaupt erst zu den Gräueltaten anstachelt, sowie der Wortführer der Meute, Schustermeister Pedrillo. Diese Figurengruppe wird hier unter der Bezeichnung Peiniger zusammengefasst.

Jeronimo und die Familie Asteron

Die männliche Hauptfigur

Jeronimo Rugera wird als »junger […] Spanier« (S. 5) bezeichnet, das heißt, seine Familie ist wahrscheinlich noch nicht lange in Chile (siehe Kapitel 5, S. 64 f.). Die Familie seiner Mutter lebt in Spanien (S. 12). Jeronimo ist gebildet, aber nicht reich, denn er arbeitet als Hauslehrer für die angesehene Familie Asteron. Während der ganzen Kolonialgeschichte (auch anderer europäischer Staaten) ist es für reiche Familien üblich, Lehrer aus dem Mutterland oder mit Verbindungen zu ihm anzustellen, damit die geistige Ausbildung des Nachwuchses europäischen Standards entspricht. Zwischen Jeronimo und der Familie Asteron besteht ein Standesunterschied, der die Liebe zwischen den beiden Hauptfiguren gesellschaftlich inakzeptabel macht.

Verlobung der beiden Hauptfiguren

Jeronimo und Josephe befinden sich in einem »zärtlichen Einverständnis« (S. 5), was von einem Teil der Literaturwissenschaft als heimliche Verlobung angesehen wird. Andere vermeiden diese Formulierung und sprechen lediglich von einem Liebespaar.[1] Für eine Verlobung spricht, dass Jeronimo sich nach dem Schock des Erdbebens aufgrund eines Ringes an seiner Hand an Josephe erinnert (S. 8). Jeronimo scheint aufrichtig in Josephe verliebt zu sein, selbst Klostermauern können ihn nicht davon abhalten, sie zu treffen (S. 5), und als sie zum Tode verurteilt wird, hat auch er vor, sich zu töten (S. 6). Außerdem begibt er sich gleich nach dem Erdbeben auf die Suche nach ihr (S. 8 f.).

Während die Leserinnen und Leser mehr über die Umstände der Verhaftung und die Anklage Josephes

1 So zum Beispiel alle Aufsätze in: David E. Wellbery (Hrsg.), *Positionen der Literaturwissenschaft. Acht Modellanalysen am Beispiel von Kleists »Das Erdbeben in Chili«*, München [5]2007.

erfahren, wird nur nebenbei erwähnt, dass Jeronimo auch im Gefängnis ist (S. 6). Über die Anklagepunkte gegen ihn gibt der Erzähler keine Informationen. Auch über die Dauer der Haft kann nur spekuliert werden. Zwischen der Nacht im Karmeliterkloster und der Geburt von Philipp liegen etwa neun Monate. Daraufhin wird Josephe zum Tode verurteilt. Nach Philipps Geburt und vor dem Urteilsspruch gegen Josephe wurde Jeronimo verhaftet, über ein Urteil gegen ihn wird nicht berichtet. Er beabsichtigt sich selbst umzubringen, da er über die bevorstehende Hinrichtung seiner Geliebten »die Besinnung [zu] verlieren« droht (S. 6).

■ Haftdauer und Urteil gegen Jeronimo sind unklar

Der Selbstmord unterbleibt, da das Erdbeben dazwischenkommt. Anfänglich ist es sicher der menschliche Instinkt, das eigene Überleben zu sichern, der Jeronimo dem Erdbeben entkommen lässt (S. 6 f.). Nachdem er eine Viertelstunde bewusstlos gewesen ist, beginnt er vor Freude zu weinen, da er noch am Leben ist (S. 8). Erst danach erinnert er sich an Josephe, und man kann von einer bewussten Entscheidung, am Leben zu bleiben, sprechen. Die entstehende Schwermut, nun ein Leben ohne seine Geliebte führen zu müssen, wird bald von der Hoffnung verdrängt, sie wiederfinden zu können (S. 8 f.).

■ Überlebensinstinkt

Als dies tatsächlich geschieht, präsentiert sich Jeronimo als vorbildlicher Vater, der sich freut, seinen Sohn das erste Mal zu sehen. In »unsäglicher Vaterfreude« überhäuft er das Baby mit »Liebkosungen ohne Ende« (S. 11). Im Anschluss an die gemeinsam verbrachte Nacht schmiedet die junge Familie Pläne, Chile zu verlassen (S. 12). Jeronimo erweist sich dann als die naivere der beiden Hauptfiguren: Als sie Familie Ormez kennenlernen, verwirft er den Fluchtplan völlig, kann aber von Josephe davon überzeugt werden, die Antwort des Vizekönigs auf ein schriftliches Gnadengesuch in der Hafenstadt La Conception abzuwarten, anstatt einen Fußfall vor diesem zu wagen. So könnten sie bei einer negativen Antwort immer noch fliehen.

In der zweiten Hälfte der Erzählung verblasst Jeronimo immer mehr. Kleist nutzt die Figur, um unmittelbar in die Handlung einzusteigen, und lässt die Leserinnen und Leser das Erdbeben gemeinsam mit Jeronimo erleben. Doch im Anschluss tritt Don Fernando als hauptsächlicher Handlungsträger an Jeronimos Stelle. Dies geschieht schon auf dem Weg in die Messe, als Fernando und nicht Jeronimo gemeinsam mit Josephe läuft (S. 16). Während der Messe werden die beiden verwechselt, und es ist Don Fernando und nicht Jeronimo, der Josephe verteidigt (S. 18). Kleist lässt die Erzählung auch mit den Gedanken seiner neuen männlichen Hauptfigur schließen (S. 22).

Fernando tritt an Jeronimos Stelle

Während Don Fernando stets mit positiven Attributen (siehe S. 38–40 dieses Lektüreschlüssels) versehen wird, bleibt dies bei Jeronimo aus. Erst nach einigem Zögern löst er die Verwechslung auf und rettet so in letzter Sekunde das Leben Fernandos. Dieser hat ihn zuvor bereits schüchtern angeschaut (S. 19), was als Aufforderung, sich zu erkennen zu geben, gelesen werden kann. Erst die Forderung »steinigt sie!« (S. 19) löst die Handlung in Jeronimo aus. Und auch der Tod Jeronimos ist wenig ruhmreich. Er wird von seinem eigenen Vater niedergeschlagen. Kein Wort wird über ein letztes Aufbegehren oder den Todeskampf verloren, sein Tod erscheint nebensächlich.

Jeronimos Tod

Der Tatsache, dass Jeronimo von seinem eigenen Vater getötet wird, kann ein hoher Symbolwert zugerechnet werden. Schließlich hat er ihm einst das Leben geschenkt. Und kein Vater will normalerweise den Tod des eigenen Sohnes erleben oder gar verursachen. Jedoch erfahren wir nichts über einen Vater-Sohn-Konflikt – der Vater bleibt völlig konturlos, ja selbst sein Vorname bleibt unbekannt. Daher erscheint es als viel wahrscheinlicher, dass Kleist den Vater einführt, damit die Identifizierung Jeronimos eindeutig ist. Außerdem kann dadurch die Raserei des aufgebrachten Mobs gut veranschaulicht werden: Selbst ein Vater schreckt nicht mehr davor zurück, den eigenen Sohn zu töten. Ein mögliches Motiv – das bleibt allerdings Spekulation – könnte auch sein, dass die gesellschaftlichen Konventionen höheres Gewicht haben als die Vaterliebe zum eigenen Kind.

Erschlagen vom eigenen Vater

Betrachtet man ausgehend von der zweiten Hälfte der Erzählung noch einmal die erste Hälfte, in der Jeronimo mehr Raum einnimmt, so fällt auf, dass man sein Verhalten auch hier als passiv oder schwach bezeichnen kann: Er will sich das Leben nehmen (S. 5), er fällt in Ohnmacht (S. 8), erst der Ring lässt ihn nach Josephe suchen (S. 8), und während der Suche ist er

Jeronimo als passive und schwache Figur

niedergeschlagen und geht im Gegensatz zu Josephe ohne System vor (S. 9).

Die weibliche Hauptfigur

Donna Josephe Asteron ist Tochter einer der angesehensten Familien der Stadt und verliebt sich in ihren Hauslehrer. Ihr Bruder zeigt ein Treffen der beiden beim Vater an, nachdem dieser die nicht standesgemäße Liebe bereits verboten hatte, woraufhin Josephe in ein Karmeliterkloster gebracht wird (S. 5). Doch auch dort trifft sie sich heimlich mit Jeronimo und wird schließlich schwanger. Anscheinend gelingt es ihr, die Schwangerschaft bis zur Geburt ihres Sohnes Philipp geheim zu halten. Sie sinkt an Fronleichnam vor der Kathedrale der Stadt in Wehen nieder, was die Aufmerksamkeit der Öffentlichkeit auf sie lenkt. Ihr wird daraufhin der Prozess gemacht. Weder der Einfluss der Familie Asteron noch der der Äbtissin kann die Verurteilung zum Tode verhindern. Josephe soll enthauptet werden, als das Erdbeben einsetzt.

Mut und Geschick

Während des Erdbebens zeigt sich die weibliche Hauptfigur überaus mutig und clever. Es gelingt ihr nicht nur, sich selbst zu retten, sondern sie rettet auch ihren Säugling aus dem brennenden Kloster (S. 10). Die Äbtissin und die übrigen Nonnen brachten zuvor vermutlich nicht den Mut auf, in das brennende Gebäude zu gehen. Trotzdem hegt Josephe keinen Groll gegen die Klostervorsteherin und verschließt ihr nach ihrem Tod die Augen (S. 10). Danach sucht sie das Gefängnis, in dem sie Jeronimo vermutet, und findet es in Trümmern vor. Doch sie lässt sich nicht entmutigen. Im Gegensatz zu Jeronimo irrt sie nach den Beben nicht kopflos umher, sondern bleibt an einer Wegkreuzung stehen, von der sie annimmt, dass sie von Überlebenden, die die Stadt verlassen, passiert wird (S. 10 f.). Erst nach einiger Zeit begibt sie sich in das Tal, wo sie schließlich auf Jeronimo trifft (S. 11).

Als Don Fernando mit der Bitte, sie möge seinem Baby »auf kurze Zeit ihre Brust reichen« (S. 12), an die junge Mutter herantritt, zögert sie kurz, aber nicht aufgrund von egoistischen Motiven oder weil sie nicht helfen will, sondern weil sie in Don Fernando einen Bekannten erkennt, der vermutlich von ihrer Straffälligkeit und dem Todesurteil weiß und sich ihr dennoch ohne Bedenken nähert. Es ist die vorbehaltlose Geste des Stillens, die das Liebespaar in die Familie um Fernando einführt. Ebenso wie ihr Geliebter lässt sie sich von der positiven Stimmung unter den Überlebenden anstecken: Sie ist sich sicher, ihr Vater wird ihr verzeihen, wenn er denn noch am Leben ist.

■ Bekanntschaft zu Don Fernando

Dennoch bewahrt sie zunächst kühlen Kopf und überredet Jeronimo dazu, trotz der vermeintlichen Sicherheit in die Hafenstadt La Conception zu reisen, um dort auf die Beantwortung des Gnadengesuchs zu warten.

■ Gnadengesuch

Als die Gruppe um Don Fernando die Nachricht erreicht, es gebe einen Dankgottesdienst, ist Josephe die Erste, die ihn besuchen will. Sie hört nicht auf die Vorahnungen und Warnungen von Donna Elisabeth, sondern springt voller Begeisterung auf und steckt so-

■ Reaktion auf die Messe

gleich Donna Elvire mit ihrem Frohmut an (S. 16). Noch immer trägt sie den kleinen Juan, macht nur einen kurzen Versuch, ihn seiner Mutter zurückzugeben. Bereitwillig lässt sie sich von Don Fernando zur Messe führen und verursacht so den blutigen Höhepunkt der Erzählung mit. War sie zuvor noch überlegter als Jeronimo und entschied sich für die sichere Variante ihrer Handlungsmöglichkeiten (baldige Abreise nach La Conception), so ist sie nun geradezu euphorisch und unvorsichtig. Seit dem Erdbeben trifft Josephe stets die richtigen Entscheidungen und scheint deshalb vom Glück gesegnet, so dass sie zu einer neuen Selbstsicherheit gelangt, die sie im entscheidenden Moment leichtsinnig werden lässt.

Tumult beim Gottesdienst

In der tumultartigen Schlussszene bleibt Josephe als starke aber unglückliche Frauenfigur erhalten. Sie wird als Erste als vermeintliche Unheilbringerin identifiziert, da der Schuster Pedrillo für ihre Familie gearbeitet hat (S. 18). Gleich im Anschluss sagt sie über Juan: »dies ist nicht mein Kind« (S. 19). Mit dieser Aussage will sie das Leben des kleinen Jungen schützen und sorgt ungewollt für Verwirrung unter den aufgebrachten Kirchgängern. Gemeinsam mit Don Fernando kämpft sie um das Leben der beiden Babys, bis Donna Constanze mit ihr verwechselt und deshalb getötet wird (S. 20). Anders als Jeronimos endet Josephes Leben mit einer selbstlosen und heldenhaften Tat. Um zu verhindern, dass weitere Personen sterben, wirft sie sich mit den Worten »mordet mich, ihr blutdürstenden Tiger!« (S. 20 f.) freiwillig in die

Menge, woraufhin sie von Meister Pedrillo erschlagen wird.

Da Fernando und Elvire ihren eigenen Sohn verlieren und sich im Anschluss um Philipp kümmern, kann man sagen, dass auch Josephe durch eine andere Figur ersetzt wird. Der Austausch der weiblichen Hauptfiguren ist allerdings nicht so eindeutig, da Josephe bei der Messe deutlicher in Erscheinung tritt als Jeronimo, während die Figur der Elvire weniger detailreich gestaltet ist als die des Fernando. Erst im kurzen Ausblick des halboffenen Schlusses wird Josephe durch Elvire ersetzt. Diese ist nicht bei der Messe gewesen, sondern ist aufgrund ihrer Verletzungen bei ihrem Vater zurückgeblieben.

■ Josephe wird durch Elvire ersetzt

Es bleiben noch der kleine Philipp, Jeronimos Vater und Josephes Vater, Don Henrico Asteron, als weitere Familienmitglieder. Alle treten zu wenig in Erscheinung, als dass man sie charakterisieren könnte. Dennoch einige Anmerkungen: Philipp wird während des Massakers am Ende der Erzählung als »Bastard« (S. 21) bezeichnet, da er aus einer unehelichen Verbindung hervorgegangen ist. Er gilt als eindeutiger Beweis für die unerlaubte Liebesbeziehung der beiden Hauptfiguren und verursacht somit die Verurteilung seiner Mutter (S. 6). Der in etwa gleichaltrige Juan muss an seiner Stelle sterben, und dessen Position innerhalb der Familie Ormez nimmt Philipp im Anschluss ein.

■ Sonstige Familienmitglieder: Philipp …

Der Vater Jeronimos bleibt ohne Vornamen und tritt nur ein einziges Mal hervor, nämlich als er seinen Sohn identifiziert und tötet (S. 20). Er kann schwer-

■ … Jeronimos Vater …

lich als ausgearbeitete literarische Figur bezeichnet werden, aber hat – neben der Identifizierung und Tötung seines Sohnes – eine weitere Funktion: Denn würde er nicht auftreten, könnte man annehmen, dass Jeronimo erst seit kurzer Zeit in Chile verweilt. Dieser wird nämlich als Spanier bezeichnet (S. 5) und seine Familie mütterlicherseits wohnt weiterhin in Spanien (S. 12).

… und Don Henrico Asteron

Josephes Vater tritt als handelnde Figur nur in den Rückblenden zu Beginn der Erzählung auf. Am Anfang der Erzählung wird sogleich seine gesellschaftliche Position erwähnt, so dass die adlige Herkunft Josephes unmittelbar deutlich wird (S. 5), und er veranlasst das Einsperren seiner Tochter in ein Kloster. Später setzt sich die »Familie Asteron« (S. 5) für eine milde Strafe der Tochter ein, hiermit ist wohl auch das Familienoberhaupt gemeint. Im Verlauf der Handlung wird noch einmal erwähnt, dass man über sein Schicksal während des Erdbebens und in der Folgezeit nichts weiß (S. 15), sein Haus wird jedoch zerstört (S. 10).

Familie Ormez

Don Fernando Ormez

Wie bereits erwähnt, kann Fernando als männliche Hauptfigur des zweiten Teils der Erzählung betrachtet werden, die Jeronimo ersetzt.

Das erste Mal tritt er in Erscheinung, als er Josephe fragt, ob sie seinem Sohn Juan die Brust reichen kann (S. 12). Dabei wird er als »junger wohlgekleideter

Bekanntheit

Mann« (S. 12) und als Bekannter von Josephe bezeichnet. Kleist lässt offen, woher sich die beiden kennen, aber die Bekanntschaft scheint auf Gegenseitigkeit zu beruhen, da Don Fernando Josephe mit ihrem Namen anspricht (S. 12). Da er der Sohn des Kommandanten der Stadt ist (S. 18), ist es sehr wahrscheinlich, dass er den meisten Bürgerinnen und Bürgern St. Jagos bekannt ist.

Anführer der Gruppe

Er ist der unangefochtene Anführer der Familie Ormez, was schon daran zu erkennen ist, dass die Leserinnen und Leser die weiteren Familienmitglieder als Anhang Fernandos kennenlernen: Donna Elvire wird als »Don Fernandos Gemahlin« eingeführt, Donna Constanze und Donna Elisabeth als »Don Fernandos beide[] Schwägerinnen« (S. 12) und der vom Erdbeben verletzte Don Pedro ist »sein Schwiegervater« (S. 13). Später ist nicht mehr von Don Fernandos Familie, sondern von seiner »Gesellschaft« (S. 15) die Rede, was darauf schließen lässt, dass möglicherweise noch andere Überlebende der Gruppe angehören.

Wenn Jeronimo und Josephe sich im »Tal von Eden« (S. 11) sicher und als Angehörige einer Menschheitsfamilie fühlen, dann ist dieser Umstand auf Don Fernando und seinen Charakter zurückzuführen, denn er hält die Gruppe zusammen. Es ist eine Selbstverständlichkeit, dass er die Gruppe zur verhängnisvollen Messe führt. Josephes Arm ergreift er, da sie noch immer seinen Sohn Juan trägt (S. 16). Auch in der Messe selbst wendet sich Constanze wie selbstverständlich an ihn, als in der Predigt die Namen von

Jeronimo und Josephe genannt werden. Seiner Aufforderung zu schweigen folgt sie anstandslos (S. 18).

Als die Stimmung in der Messe zu kippen droht, versucht Fernando zunächst, mit seiner »Gesellschaft« unerkannt die Kirche zu verlassen. Anschließend will er seine Bekanntheit als Sohn des Kommandanten nutzen, um Josephe zu retten und der brenzligen Situation zu entkommen (S. 18). Auch die Bekanntschaft zum ebenfalls anwesenden Marineoffizier Don Alonzo Onoreja und dessen Ehrenwort kann die wütende Menge nur kurzzeitig besänftigen (S. 19). Don Fernando erfüllt demnach alle Kriterien eines klassischen Helden. Zunächst versucht er mehrmals, den Konflikt gewaltfrei zu lösen; als dies nicht gelingt, wendet er Gewalt an, aber nur, um das Leben Donna Constanzes, Jeronimos und Josephes, das der unschuldigen Kinder und sein eigenes zu retten (S. 21). Mit dem Degen Alonzos tötet er gleich sieben Angreifer, und das, obwohl er zwei Säuglinge auf dem Arm hält (S. 21). Auch wenn es ihm nicht gelingt, sein eigenes Kind zu retten, so wird er doch als »göttliche[r] Held« (S. 21) bezeichnet.

Heldenhaftes Auftreten gegen den Mob

Auch nachdem das Töten ein Ende hat, behält er die Nerven. Er macht Don Alonzo keinerlei Vorwürfe, weil er möglicherweise zu passiv agiert hat. Er schont seine kranke Frau, indem er ihr einige der schlechten Nachrichten vorenthält (fürchtet allerdings auch ihr Urteil über ihn), und er weint nicht lange über den Verlust seines leiblichen Sohnes, sondern freut sich über seinen neuen Sohn Philipp (S. 20 f.).

Bereits bei der Charakterisierung Jeronimos wurde gezeigt, wie Don Fernando ihn als männliche Hauptfigur ablöst. Während Jeronimo stets passiv und schwach ist, gilt für Don Fernando genau das Gegenteil. Das hat Kleists Kritiker dazu veranlasst zu sagen, seine Figuren hätten keine Charaktertiefe, sondern seien nur als Kontrastfiguren angelegt. Doch diese Folgerung ist vorschnell. Kleist will keine ausführlichen Charakterstudien anstellen, dafür ist die Erzählung auch schlichtweg zu kurz. Er möchte stattdessen moralische Fragen an einem Beispiel diskutieren (siehe dazu auch das Kapitel »Interpretationsansätze«, S. 72–92); seine Figuren erfüllen hierzu meist einen konkreten Zweck. Gerade durch die komplementäre Gegenüberstellung von Fernando und Jeronimo kommt die Handlung ins Rollen. Der passive Jeronimo hat zunächst einen Wissensvorsprung vor Don Fernando: Er weiß, dass es gefährlich ist, sich als geflohener Verurteilter in einer Strafsache, die öffentliches Aufsehen erregt hat, ebenjener Öffentlichkeit auszusetzen. Aber er ist zu schwach, um entsprechend zu agieren. Er reagiert nur. Er lässt sich von der Seite seiner Geliebten verdrängen und folgt dem Anführer Don Fernando, der stark und aktiv, aber unwissend agiert.

■ Don Fernando als aktive und starke Figur

Denn man darf annehmen, dass Don Fernando um die Straffälligkeit und das Todesurteil seiner »Bekannten« (S. 12), die er bei ihrem Aufeinandertreffen im Tal namentlich anredet und also sicher wiedererkennt, weiß; zudem wird er von Donna Elisabeth nachdrücklich gewarnt – trotzdem weist er mögliche

Konsequenzen ihres Messebesuches mit den Worten »und das Unglück, das daraus entstehen kann?« (S. 17) entschieden zurück. Man kann die Gegenüberstellung der männlichen Hauptfiguren weiter zuspitzen: Jeronimo bringt Josephe durch seine Liebe und die Schwängerung auf das Schafott. Das Erdbeben rettet sie zumindest zeitweilig. Don Fernando könnte die Rettung vollenden, wenn er nur die richtigen Schlüsse aus seinem Wissen ziehen und die Gefahr erkennen würde, die der Kirchgang in sich birgt. Letztendlich aber muss der Weg als Josephes »vom Erdbeben unterbrochene[r] Gang zum Richtplatz«[2] angesehen werden. Betrachtet man die beiden Figuren als Komplementärfiguren, so bleibt ihnen, gemeinsam betrachtet, die Charaktertiefe ebenso wenig verwehrt wie der weiblichen Hauptfigur.

Sonstige Familienmitglieder: Don Pedro, …

Don Pedro, dessen Nachname wir nicht erfahren, ist der Vater von Constanze, Elisabeth und Elvire. Er wird beim Erdbeben an der Schulter verwundet (S. 13) und begleitet deshalb die Gruppe nicht zum Gottesdienst (S. 16). Er tritt nicht als handelnde oder sprechende Figur hervor.

… Donna Elvire, …

Die Frau Don Fernando Ormez' und Mutter Juans ist Donna Elvire. Sie wurde beim Erdbeben schwer an den Füßen verwundet (S. 12), so dass sie wahrscheinlich aufgrund ihrer körperlichen Schwäche nicht mehr in der Lage ist, ihren Sohn zu stillen. Sie reagiert »mit

2 Norbert Altenhofer, »Der erschütterte Sinn. Hermeneutische Überlegungen zu Kleists *Das Erdbeben in Chili*«, in: Wellbery (s. Anm. 1), S. 39–53, hier: S. 47.

vieler Freundlichkeit« (S. 12) auf Josephe, die sich um ihr Baby kümmert. Möglicherweise erfährt Donna Elvire schon früh, dass Josephe ihren Sohn unehelich geboren hat, denn es wird von einem Gespräch berichtet und Josephe erzählt »mit beklemmtem Herzen« (S. 13), was ihr widerfahren ist. Aufgrund ihrer Fußverletzung kann Elvire ebenso wie ihr Vater nicht mit zur Messe (S. 16). Am Ende der Erzählung nimmt sie den kleinen Philipp als Adoptivsohn an (S. 22).

… Donna Elisabeth, …

Donna Elisabeth erfüllt, so könnte man in Anlehnung an das antike Drama sagen, die Funktion einer Seherin. Sie sieht das kommende Unheil voraus, es gelingt ihr aber nicht, es zu verhindern. Kleist nutzt die Figur, um eine mystische Determiniertheit der Ereignisse anzudeuten. Elisabeth ist die Schwester Donna Elvires. Sie war zu der Hinrichtungsfeier von Josephe eingeladen, hat aber nicht teilgenommen. Dennoch schaut sie Josephe vorahnungsvoll und träumerisch an (S. 13). Als Einzige der Gruppe möchte sie nicht zur Kirche gehen und führt an, dass dieses Dankfest sicherlich wiederholt wird (S. 14). Nach einem Gespräch mit Donna Elvire, in dem sie wahrscheinlich erfahren hat, wer Josephe ist, unternimmt sie einen letzten Versuch, die Gruppe zum Bleiben zu überreden (S. 17).

… Donna Constanze Xares …

Donna Constanze tritt in einer entscheidenden Situation als handelnde Figur in Erscheinung: Sie schreit auf, als der Chorherr in seiner Predigt bei der Dankmesse Jeronimo und Josephe namentlich nennt, was die Aufmerksamkeit der Menge erst auf sie richtet. Sie ist die Schwester von Elisabeth und Elvire, geht neben Jeronimo zur Messe (S. 16) und wird so Teil des tödlichen Verwechslungsspiels. Im Tumult wird sie für Josephe gehalten und mit einem Keulenschlag getötet, und es ist nicht eindeutig klar, wer ihr Mörder ist (S. 20).

… und Juan

Auch das Baby Donna Elvires und Don Fernandos, Juan, findet im Tumult des Gottesdienstes den Tod. Es wird von Meister Pedrillo an einen Kirchenpfeiler geworfen, weil es möglicherweise Philipp ist (in seiner Raserei ist Pedrillo die Identität letztlich gleichgültig, S. 21).

Die Peiniger

Die übrigen Figuren vereint, dass sie das Leiden der beiden Hauptfiguren hervorrufen oder zumindest begleiten. Auch die beiden Väter können hierzu gezählt werden.

Meister Pedrillo

Der Schuhflicker Pedrillo gehört einer unteren gesellschaftlichen Schicht an und ist der Wortführer des aufgebrachten Mobs. Tritt die Meute sonst nur als Ganzes in Erscheinung, so ist er die einzige Figur, die herausgegriffen und namentlich genannt wird. Er identifiziert Josephe, da er zuvor für ihre Familie gearbeitet hat (S. 19). Anschließend bringt er sie eigenhändig um und wird von Don Fernando verwundet (S. 21). Dennoch gelingt es ihm, den kleinen Juan auf grausamste Weise zu töten (S. 20). Er wird vom Erzähler als eindeutiger Gegenspieler Don Fernandos inszeniert, indem er als »Fürst der satanischen Rotte« bezeichnet wird, während Fernando das Attribut »göttlich[]« (S. 21) erhält.

Der Chorherr

Der älteste der Chorherren der Dominikanerkirche hält die Predigt, die das anschließende Massaker heraufbeschwört. Er vergleicht die Zustände in der Stadt mit Sodom und Gomorrha, nennt die beiden Hauptfiguren beim Namen und führt sie als Ursache des Erdbebens an, womit er eine wichtige Voraussetzung für den mörderischen Aufruhr schafft (S. 18).

Die Äbtissin

Die Klostervorsteherin des Karmeliterklosters hat Josephe in ihrer Zeit im Kloster liebgewonnen, aber sie schafft es nicht, sie vor der Todesstrafe zu bewahren (S. 6). Sie hat nicht den Mut, Philipp aus den Flammen zu retten und stirbt kurz darauf, woraufhin ihr Josephe die Augen schließt (S. 10).

Erzbischof und Vizekönig

Der Erzbischof tritt in der Erzählung nur einmal als handelnde Figur in Erscheinung: Er beauftragt den Prozess gegen Josephe (S. 5). Der Vizekönig wird nur indirekt erwähnt. Er könnte Josephe begnadigen (S. 15), wandelt ihren »Feuertod« aber lediglich in eine »Enthauptung« (S. 6) um. Die beiden Figuren sind deswegen erwähnenswert, da sie Josephes Weg noch einmal kreuzen. Während des Erdbebens findet sie die Leiche des Erzbischofs und das zerstörte Haus des Vizekönigs vor (S. 10). Sie stehen für die patriarchale staatliche Ordnung, die durch das Erdbeben (zumindest kurzzeitig) aufgehoben wird.

4. Form und literarische Technik

Gattung

In der Sekundärliteratur über *Das Erdbeben in Chili* wird die Erzählung teilweise auch als Novelle bezeichnet.[3] Dieser Lektüreschlüssel sieht davon ab; trotzdem lohnt es sich zu prüfen, ob diese Bezeichnung angemessen ist. Dazu muss zuerst erläutert werden, was eine Novelle überhaupt ist.

Eine eindeutige Abgrenzung zu anderen Prosagattungen – der Kurzgeschichte auf der einen und dem Roman auf der anderen Seite – ist schwierig. Nach Goethe berichtet eine Novelle stets von einer »unerhörten Begebenheit«, doch dieses Kriterium allein genügt nicht für eine aussagekräftige Definition. Es lässt sich ebenso auf andere Genres anwenden. Auch verschiedene andere Definitionsversuche müssen als zu wenig trennscharf oder aber als zu eng, um alle novellistischen Texte einzuschließen, abgelehnt werden.

■ Novellendefinition

Stattdessen kann ein Bündel von Merkmalen benannt werden, die von Novellen mehr oder weniger erfüllt werden. Je mehr Merkmale auf eindeutige Weise zutreffen, desto eindeutiger ist ein literarisches Werk als Novelle anzusehen.

■ Bündel …

Novellen erwecken normalerweise den Anschein historischer Wahrheit oder zumindest Möglichkeit.

■ … von Merkmalen

3 Sechs der acht Aufsätze in dem von David E. Wellbery herausgegebenen Sammelband (s. Anm. 1) verwenden den Begriff Novelle.

Sie sind relativ kurz. Die Handlung wird geradlinig erzählt, es gibt wenig Vorgriffe oder Rückgriffe und die Chronologie wird nicht aufgebrochen. Stets liegt ein zentraler Konflikt vor, und er wird durch einen oder mehrere (oft unvorhergesehene) Wendepunkte ansprechend ausgestaltet. Viele Novellen haben zentrale Leitmotive, häufig in Form von sogenannten Dingsymbolen, das heißt Gegenständen, Pflanzen oder Tieren mit symbolischer Bedeutung. Nach Fritz Martini gibt es ab der zweiten Hälfte des 19. Jahrhunderts häufig Protagonisten mit »psychologisch besondere[m] Charakter« und einer »inneren seelischen Bewegung«.[4]
Das Erdbeben in Chili erfüllt die ersten sechs Punkte mehr oder weniger eindeutig, aber die letzten beiden nicht. Wir erhalten keine tiefen Einblicke in das Innenleben der Figuren. Kleist beschreibt ihre Gefühlslagen meist kurz und knapp, so dass es schwer ist, eine charakterliche Veränderung festzustellen. Ein Leitmotiv ist ebenso wenig zu finden. Die zweifache Erwähnung eines Granatapfels (S. 11, 15) und die Nennung einer Nachtigall (S. 11) genügen hierfür nicht.

■ Veröffentlichungssituation

Auch die Art der Veröffentlichung spricht gegen eine Zuordnung zur Gattung der Novelle. Die Erstveröffentlichung geschieht zwar – novellentypisch – in einer Zeitschrift, doch die Zweitveröffentlichung er-

4 Fritz Martini, »Die deutsche Novelle im Bürgerlichen Realismus. Überlegungen zur geschichtlichen Bestimmung des Formtyps«, in: *Novelle*, hrsg. von Josef Kunz, Darmstadt [2]1972, S. 371.

Merkmale der Novelle	*Das Erdbeben in Chili*
»Unerhörte Begebenheit«	Das Erdbeben ist eine »unerhörte Begebenheit«, ebenso dessen zeitliches Zusammenfallen mit der geplanten Hinrichtung Josephes. Auch die Geburt eines unehelichen Kindes im Kloster und die Tötung der Hauptfiguren durch die aufgebrachte Meute sind solche Ereignisse
Relative Kürze	Der Text hat einen sehr geringen Umfang
Anschein historischer Wahrheit	Handlungsort und -zeit werden benannt, auch ein historisches Ereignis, das Erdbeben, auch wenn nicht auf historische Details geachtet wird
Geradliniges Erzählen	Die Chronologie wird beibehalten und nur durch zwei Rückblenden unterbrochen
Zentraler Konflikt	Verbotene Liebe der zwei Hauptfiguren
Wendepunkte	Das Erdbeben und die Predigt des Chorherrn
Leitmotiv (häufig als Dingsymbol)	Kein Leitmotiv, aber gelegentlich Dingsymbole, z. B. ein Granatapfelbaum (S. 11) als Symbol für Leben und Fruchtbarkeit oder die Nachtigall (S. 11) für Liebe
Psychologische oder seelische Bewegung	Die Leserinnen und Leser erhalten kaum Einblicke in die Psychen der Figuren

folgt 1810 in einem Band mit dem Titel *Erzählungen*, in dem auch *Michael Kohlhaas* und *Die Marquise von O…* enthalten sind. Eine Novelle würde typischerweise als Monografie veröffentlicht werden. Außerdem wählen Kleist und sein Verleger Georg Reimer selbst das neutrale Wort »Erzählung«. Dieses kann man auf beinahe alle prosaischen Texte anwenden, weswegen der Autor zunächst den Titel *Moralische Erzählungen von Heinrich von Kleist* vorgeschlagen hat. Von Novellen ist allerdings nie die Rede. Wir wollen hier der Zuschreibung des Autors selbst folgen und sprechen vorsichtiger von einer »Erzählung« – auch wenn die Bezeichnung »Novelle« durchaus auch eine gewisse Plausibilität hat.

Aufbau

Vergleich zum Drama

Immer wieder wird in Veröffentlichungen zum *Erdbeben in Chili* der pyramidale Aufbau des klassischen Dramas nach Gustav Freytag herangezogen. Die Erzählung wird dann in das Fünfaktschema gepresst und es wird behauptet, der Höhepunkt der Erzählung sei die Zeit im »Tal von Eden« (S. 11) vor der Stadt – und der eigentliche gestalterische Höhepunkt wird schlicht zur steigenden Handlung degradiert. Diese Vorgehensweise ist wenig gewinnbringend, denn letztlich lässt sich beinahe jedes Prosawerk mit Gewalt in dieses Schema einfügen.

Hier wird ein anderer Weg gewählt, um den Aufbau der Erzählung zu schematisieren. Es sollen die

Handlungszeit, die Handlungsorte und die Handlung vom Schicksal der vertauschten Säuglinge aus beschrieben werden. Alle drei Versionen lassen sich grafisch darstellen.

Handlungszeit

Die Handlungszeit beträgt, wenn man von den beiden Rückblenden absieht, zwei Tage und eine Nacht. Auch wird die Chronologie der Ereignisse, lässt man diese Rückblenden unberücksichtigt, nicht durchbrochen: Am ersten Tag bebt die Erde, als sich Jeronimo selbst töten will und Josephe hingerichtet werden soll. Am Ende des Tages finden sich die beiden Liebenden wieder und verbringen gemeinsam die Nacht. Sie schlafen erst ein, als es schon Morgen wird. Am selben Tag erwachen sie, als »die Sonne schon hoch am Himmel« (S. 12) steht. Nachmittags erfährt die Gruppe um Don Fernando von der feierlichen Messe in der Dominikanerkirche und sie bricht dorthin auf. Auffällig ist, dass der erste Tag schlecht beginnt, aber gut endet. Beim zweiten Tag verhält es sich genau umgekehrt. Der Höhepunkt des Wohlbefindens der beiden Hauptfiguren ist sicherlich die gemeinsame Nacht unter einem Granatapfelbaum (S. 11).

Rückblenden und Ausblick

Die beiden Rückblenden sind von unterschiedlicher Beschaffenheit. Die erste setzt nach dem ersten Satz ein (S. 5) und fasst kurz und knapp die Vorgeschichte der beiden Hauptfiguren zusammen. Sie referiert also auf eine Zeitperiode, die außerhalb der erzählten Zeit der beiden Tage liegt. Die zweite Rückblende wird unmittelbar nach dem Aufeinandertreffen von Josephe und Jeronimo eingeschoben (S. 9). Sie

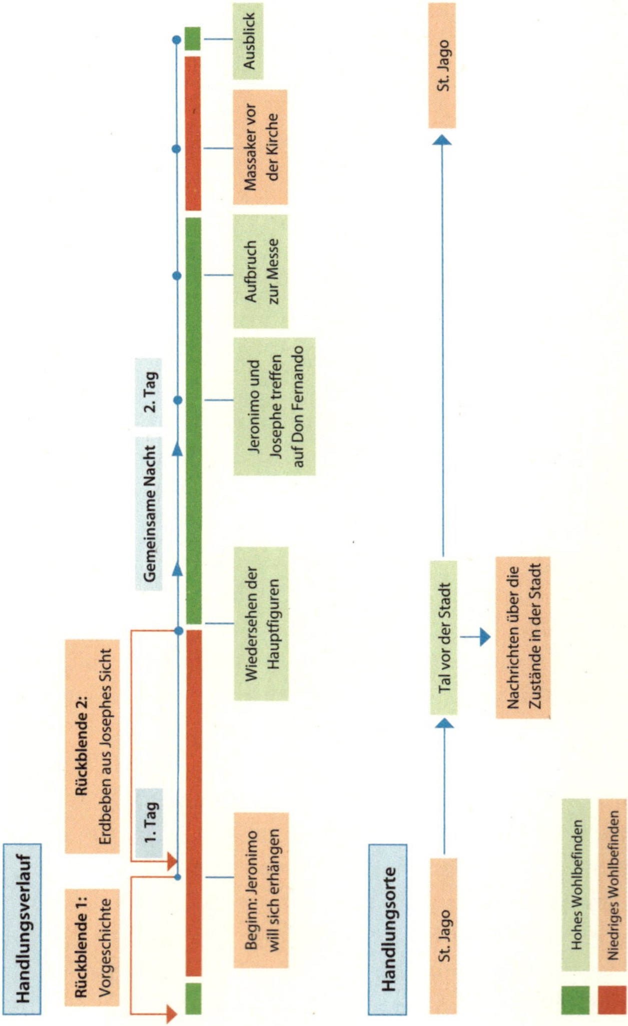

 Abb. 3: Übersicht über den Aufbau des Werkes

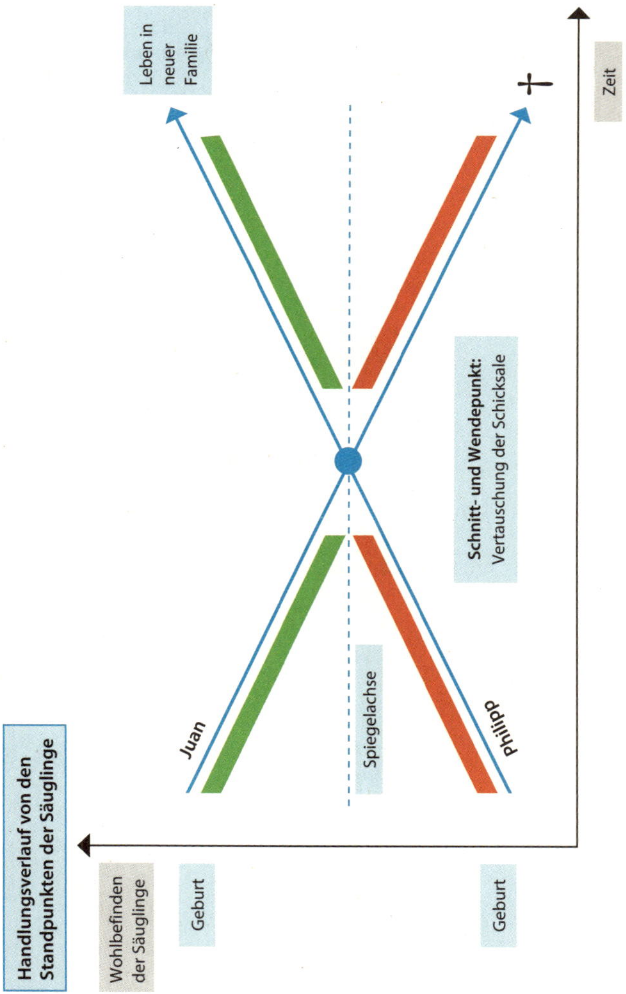

Abb. 4: Übersicht über den Handlungsverlauf von den Standpunkten der Säuglinge

erzählt, wie Josephe das Erdbeben erlebt hat. Hier wird auf einen Zeitabschnitt referiert, der innerhalb der erzählten Zeit liegt. Die Schilderungen, wie das Erdbeben erlebt wird, dienen auch zur Charakterisierung der Hauptfiguren (siehe dazu auch das Kapitel »Figuren«, S. 30, 33 f.). Am Ende der Erzählung erfolgt ein kurzer Ausblick, der das weitere Schicksal der Familie Ormez zumindest andeutet.

■ Handlungsorte

Es gibt nur zwei Handlungsorte, nämlich St. Jago und die Hügel und Täler vor der Stadt. Es lässt sich eindeutig ein Ort des Wohlbefindens, nämlich das Tal vor der Stadt, und ein Ort der Pein, die Stadt selbst, identifizieren. Alle für die Hauptfiguren negativen Ereignisse finden in der Stadt statt: Das vorläufige wie auch das jähe endgültige Ende der verbotenen Liebe, die geplante Hinrichtung und das Erdbeben. Zwar könnte man nun sagen, dass das Erdbeben für das Paar unverhofftes Glück bedeute, doch ihr Wiedersehen ereignet sich erst außerhalb der Stadt. In dem paradiesischen Tal verbringen sie die glückliche Nacht und dort lernen sie auch Don Fernando und seine Familie genauer kennen. Der Zustand der Menschen im Tal wird als eine soziale Utopie beschrieben.

■ Kontrast: Gerüchte über die Stadt

Im Kontrast dazu dringen Nachrichten aus St. Jago zu ihnen. Es wird von Fällen der Lynchjustiz, von allgemeiner Hysterie und von Anarchie berichtet (S. 11). Trotzdem und trotz der Warnungen Donna Elisabeths verlässt die Gruppe freiwillig ihr Paradies, um den Gottesdienst in der Stadt zu besuchen. Mit der Rückkehr in die Stadt verschlechtert sich die Lage aller Figuren wieder, und einige finden in der Dominikanerkirche ihren Tod.

Das Schicksal der Säuglinge zeigt eine bemerkenswerte Symmetrie. Wenn man die beiden Lebensverläufe der beiden Jungen als Geraden auffasst und sie in ein kartesisches Koordinatensystem einträgt, wobei die X-Achse den Zeitverlauf angibt, während auf Y-Achse das Wohlbefinden der Babys eingetragen wird, so fällt die eine Gerade, während die andere ansteigt (siehe Abb. 4). Der Schnittpunkt der beiden Geraden ist der Zeitpunkt, an dem Josephe Philipp seinem Vater reicht, damit sie Juan stillen kann.

- Das Schicksal der Säuglinge
- Symmetrie

Juans Leben als Sohn von Don Fernando dürfte segensreich begonnen haben, da er zu einer angesehenen Familie gehört. Philipp dagegen geht als Bastard aus einer nicht standesgemäßen Verbindung hervor und wird von seiner Mutter getrennt, da sie zum Tode verurteilt ist. Dem einen Jungen geht es also überdurchschnittlich gut und dem anderen sehr schlecht. Mit dem Erdbeben beginnt eine Umkehr. Juan verliert seine Mutter (zumindest als Ernährerin), während Philipp von seiner Mutter aus den Flammen gerettet wird. Für den einen geht es also bergab und für den anderen bergauf. Eine Zeit lang werden sie gemeinsam an Josephes Brust genährt, was – wie eben gezeigt – als Schnittpunkt der beiden Schicksale oder – mit dem Vokabular der Erzähltextanalyse – als Wendepunkt bezeichnet werden kann.

- Schnittpunkt entspricht Wendepunkt

Nun erleben zwar beide Jungen die schrecklichen Szenen während des Gottesdienstes und der kleine

Philipp verliert seine Eltern. Doch bei genauerem Hinsehen ist dies für ihn die einzige Möglichkeit, ein Leben zu führen, das sich mit den herrschenden gesellschaftlichen Konventionen vereinbaren lässt. Als Bastard wäre er im 17. Jahrhundert zu einem Leben am Rande der Gesellschaft verurteilt gewesen, und als Folge und Zeichen des Vergehens seiner Eltern, das zudem noch die Strafe Gottes, das Erdbeben, heraufbeschworen hat, scheint ein Weiterleben gar unmöglich. Doch im Wendepunkt haben sich die Schicksale der beiden Säuglinge vertauscht, und Juan findet an Philipps Stelle den Tod und ermöglicht ihm so ein Weiterleben in einer angesehenen Adelsfamilie, die sich seiner erfreut, wie der letzte Satz der Erzählung klar anzeigt.

■ Juans Tod ermöglicht Philipps Leben

Je nach Ausgabe hat *Das Erdbeben in Chili* entweder 31 Absätze (Erstveröffentlichung) oder nur drei Absätze (im Band *Erzählungen*). Jedoch hilft keine der beiden Einteilungen bei der Interpretation. Die Dreiteilung ist nicht an Handlungsorten, -zeit oder -elementen orientiert, sondern mehr oder weniger willkürlich gewählt. Auch die Einteilung in 31 Abschnitte bietet Leserinnen und Lesern keine Hilfestellung, denn auch sie stellen keine Sinnabschnitte dar. Besonders deutlich wird dies anhand der ersten Rückblende. Diese beginnt mitten im ersten Absatz.

■ Abschnittseinteilung des Autors

Sprache und Stil

Neben der teils eigenwilligen Interpunktion Kleists sind es vor allem fehlende Anführungszeichen bei wörtlicher Rede, die Leserinnen und Leser vor Verständnisschwierigkeiten stellen. Beim schnellen Lesen kann es so passieren, dass Figurenrede mit Schilderungen des Erzählers verwechselt wird und es zu Missverständnissen kommt. Teilweise ist die Figurenrede auch durch entsprechende Interpunktion gekennzeichnet. Es lassen sich weder inhaltliche noch formale Kriterien ermitteln, die anzeigen, wann Kleist Anführungszeichen verwendet und wann nicht. Oft benutzt Kleist auch die indirekte Rede.

■ Fehlende Anführungszeichen bei wörtlicher Rede

Vor allem das erste Drittel der Erzählung ist von ironischen Formulierungen des Erzählers durchzogen. Die Selbstgerechtigkeit etwa, mit der die jungen Stadtbewohnerinnen der Hinrichtung ihrer Altersgenossin beiwohnen, wird ironisierend herausgestellt, wenn der Erzähler sie einerseits als »fromme Töchter« (S. 6) bezeichnet, andererseits ihre Sensationsgier herausstellt. Auch kann die »heilige[] Ruchlosigkeit« (S. 18), die der Erzähler einem der wütenden Kirchgänger zuschreibt, der Josephe Gewalt antut, als ironischer Hinweis auf die Scheinheiligkeit der Meute gelesen werden, die im Namen eines guten Gottes skrupellos und brutal handelt.

■ Rhetorische Ironie

Eine weitere Auffälligkeit an der Sprache Kleists ist die sogenannte Parenthese. Das ist ein meist nicht satzwertiger Einschub, der oft ein Wort oder einen

■ Parenthese

Umstand genauer erklärt oder die unmittelbare Aufeinanderfolge der Ereignisse anzeigt. Beim lauten Lesen müssen Parenthesen durch eine kurze aber deutliche Pause gekennzeichnet werden. Bei Kleist sind Parenthesen stets durch Kommata vom restlichen Satz getrennt, theoretisch sind aber auch Gedankenstriche oder Klammern möglich. Um die Wende von 18. zum 19. Jahrhundert ist dieses stilistische Phänomen keine Seltenheit. Man findet es zum Beispiel besonders in den philosophischen Werken Kants oder in Goethes Prosatexten. Im Folgenden seien drei Textstellen stellvertretend für die ganze Erzählung genannt:

> »Doch Meister Pedrillo ruhte nicht eher, als bis er der Kinder eines bei den Beinen von seiner Brust gerissen, und, <u>hochher im Kreise geschwungen</u>, an eines Kirchenpfeilers Ecke zerschmettert hatte.« (S. 21)

> »[...] und zog, <u>heiliger Ruchlosigkeit voll</u>, Josephen bei den Haaren nieder.« (S. 18)

> »[...] dass im selben Augenblicke der kleine Juan, <u>durch den Tumult erschreckt</u>, von Josephens Brust weg Don Fernando in die Arme strebte.« (S. 19)

Die Parenthesen sind durch Unterstreichung gekennzeichnet. Alle drei finden sich am tumultartigen Ende der Erzählung. Sie könnten jeweils durch einen Adverbial- oder Relativsatz ersetzt werden. Durch die Verwendung von Parenthesen kann Kleist jedoch auf Konjunktionen beziehungsweise Relativpronomen und auf finite Verbformen verzichten. Bei gleichem Informationsgehalt steigt so die Informationsdichte, und Kleists Sätze wirken gehetzt und verdeutlichen so das Nebeneinander der Ereignisse in der Dominikanerkirche.

In gerade einmal zwei (wenn auch sehr gedrängten) Sätzen schafft es Kleist, die Schrecken des Erdbebens darzustellen. Die beiden Sätze bilden sicherlich einen sprachlichen und stilistischen Höhepunkt der Erzählung:

Beschreibung des Erdbebens

> »Hier stürzte noch ein Haus zusammen, und jagte ihn, die Trümmer weit umherschleudernd, in eine Nebenstraße; hier leckte die Flamme schon, in Dampfwolken blitzend, aus allen Giebeln, und trieb ihn schreckenvoll in eine andere; hier wälzte sich, aus seinem Gestade gehoben, der Mapochofluss auf ihn heran, und riss ihn brüllend in eine dritte. Hier lag ein Haufen Erschlagener, hier ächzte noch eine Stimme unter dem Schutte, hier schrien Leute von brennenden Dächern herab, hier kämpften Menschen und Tiere mit den Wellen, hier war ein mutiger Retter bemüht, zu helfen; hier stand ein anderer, bleich wie der Tod, und streckte sprachlos zitternde Hände zum Himmel.« (S. 7)

Auch in diesen beiden Sätzen finden sich zahlreiche Parenthesen, die die Gleichzeitigkeit der verschiedenen Ereignisse anzeigen sollen. Dieser Effekt wird durch die anaphorische Verwendung des Wortes »hier« (durch Unterstreichung gekennzeichnet) und den parallelen Satzbau der einzelnen Teilsätze verstärkt.

»Hier« erzeugt Unmittelbarkeit

Beim Wörtchen »hier« liegt eine weitere stilistische Eigenart vor. Oft kommt es in festen Verbindungen, wie beispielsweise »hier und da« oder »hier und dort« vor. Die Leserinnen und Leser suchen jedoch vergebens nach dem zweiten Teil der Wortgruppe, denn es folgt kein dort oder da. Dieses Fehlen sagt aus, dass die zahlreichen Ereignisse alle am selben Ort stattfinden. Und dieser Ort ist nicht irgendwo, sondern er steht in einer Beziehung zum wahrnehmenden Jeronimo; die Geschehnisse tragen sich in unmittelbarer Nähe zu ihm – und zugleich in unmittelbarer Nähe auch zu den Leserinnen und Lesern – zu. Das Adverb »hier« hat ursprünglich eine rein deiktische Funktion. Wenn man das Wort laut ausspricht, verspürt man automatisch den Wunsch, mit dem Zeigefinger anzuzeigen, auf welchen Ort man referiert. Somit erzeugt das Adverb eine Unmittelbarkeit und Nähe zwischen Text und Leserinnen und Lesern, die von anderen Wörtern nicht hergestellt werden könnten.

Parallelität der beiden Sätze

Eine weitere Auffälligkeit der beiden zitierten Sätze ist ihre Parallelität. Im ersten Satz werden in Form von Personifikationen die Verursacher der Ereignisse genannt: Trümmerschleudernde Häuser jagen Jeronimo, Flammen lecken und der Mapochofluss wälzt sich heran. Der zweite Satz nennt die Leidtragenden dieser Naturgewalten: Es liegen Haufen von Erschlagenen herum, Leute schreien von brennenden Dächern und Menschen und Tiere kämpfen mit den Wellen.

Um die Durchschlagskraft dieser beiden kunstvollen Sätze weiter zu steigern, leitet Kleist sie mit einer Personifikation ein. Es ist »der Tod« selbst der »von allen Seiten Angriffe auf ihn machte« (S. 7). In klarer Vorausdeutung auf die folgenden Ereignisse treffen der Tod und Jeronimo als Widersacher aufeinander.

■ Personifikation: »der Tod«

Erzählform und -verhalten

Die Erzählform ist schnell beschrieben: Stets wird in der dritten Person Singular berichtet. Der Erzähler ist keine eigenständige Figur der Handlung, sondern dient lediglich als Mittler zwischen Figuren und Leserinnen bzw. Lesern.

■ Erzählform: Er-/Sie-Erzähler

Ebenso eindeutig ist das Erzählverhalten. In seinem typologischen Modell der Erzählsituationen unterscheidet Franz Karl Stanzel drei Verhaltensweisen des Erzählens: Der personale Erzähler kennt nur die Innenperspektive einer Figur und berichtet aus ihrer Sichtweise (ohne mit ihr identisch zu sein). Die Gedanken und Gefühle anderer Personen werden den Leserinnen und Lesern nicht oder nur indirekt durch äußerliche Anzeichen mitgeteilt. Der neutrale

■ Drei Typen des Erzählverhaltens

Erzähler tritt völlig hinter den Figuren und dem Erzählten zurück. Er bewertet das Verhalten der Figuren nicht und kennt in der Regel auch keine Innenperspektive. Der auktoriale (oft auch allwissende) Erzähler kennt die Gefühle mehrerer oder aller Handelnden und bewertet das Verhalten der Figuren. Teilweise werden auch ironisierende Kommentare eingestreut.

Auktoriales oder personales Erzählverhalten?

In der Erzählung liegt auktoriales Erzählverhalten vor. Um dies mit Sicherheit sagen zu können, muss gezeigt werden, dass die anderen beiden Kategorien nicht zutreffen. Zu Beginn könnte man noch annehmen, es liege personales Erzählverhalten vor, da Jeronimo eindeutig im Mittelpunkt der Erzählung steht (S. 5–9). Doch dann folgt ein Textteil, der beschreibt, wie Josephe das Erdbeben erlebt hat (S. 9–11), und auch im Anschluss werden die Gedanken der weiblichen Hauptfigur beschrieben. »Josephe dünkte sich unter den Seligen« (S. 14), als sie die Idylle im Tal vor der Stadt wahrnimmt und beschreibt. Ganz am Ende werden auch die Gedanken von Fernando beschrieben: »so war es ihm fast, als müsst er sich freuen« (S. 22).

Der Erzähler bewertet ständig, was die Figuren tun. Als Fernando mit den zwei Kindern auf dem Arm gegen den aufgebrachten Mob kämpft, wird er als »göttliche[r] Held« (S. 21) bezeichnet. Jeronimos Vater wird als »fanatische[r] Mordknecht« (S. 20) und der Mob als »rasende[r] Haufen« (S. 20) bezeichnet. Der Erzähler bezieht klar Position und bewertet das

Verhalten der Hauptfiguren als positiv und das Verhalten der wütenden Menge (völlig zu Recht) als negativ. Damit ist das Erzählverhalten nicht neutral, sondern eindeutig auktorial.

Auktoriales oder neutrales Erzählverhalten?

5. Quellen und Kontexte

Wie bereits im ersten Kapitel dieses Lektüreschlüssels angedeutet, beeinflussen zwei Erdbeben den Entstehungsprozess der Erzählung. Kleist wählt als Handlungsort Chile und als Handlungszeit das Jahr 1647, als dort die Erde bebt. Es ist aber das Erdbeben von Lissabon aus dem Jahr 1755, das die philosophische Diskussion des späten 18. und frühen 19. Jahrhunderts und auch das Denken Kleists prägt. Das bedeutet, dem ersten Erdbebenereignis entlehnt Kleist Fakten und aus der Debatte um das zweite Erdbeben zieht er Ideen. Das Erdbeben von 1647 und damit verbundene historische Fakten sind Gegenstand dieses Kapitels, das Erdbeben von Lissabon 1755 wird im Kapitel »Interpretationsansätze«, S. 72–80, behandelt.

■ Fakten vs. Ideen

Die politische Situation in Chile vom 17. bis 19. Jahrhundert

■ »Königreich Chili«

Im ersten Satz der Erzählung ist von »der Hauptstadt des Königreichs Chili« (S. 5) die Rede. Dieser Satz ist historisch gesehen nicht ganz richtig. Den heutigen Staat Chile gibt es seit 1818, als er seine Unabhängigkeit von Spanien erhält. Zuvor besteht ab 1609 das Generalkapitanat Chile mit der Hauptstadt Santiago. Korrekterweise müsste man also nicht vom »Königreich«, sondern vom »Kapitanat« Chile sprechen. Chile ist als Kolonie nicht direkt der spanischen Krone, sondern dem Vizekönigreich Peru unterstellt. Dieses umfasst zur Zeit der Erzählung fast alle Besitzungen Spaniens in Südamerika, d. h. alle Gebiete außer Brasilien, zu Kleists Zeit etwa die Gebiete der heutigen Staaten Chile und Peru. Das historische Vorbild des im Text mehrfach erwähnten Vizekönigs (S. 6, 10, 13, 15) hat seinen Sitz demnach in Lima, der Hauptstadt Perus. Der »Palast des Vizekönigs« (S. 10) ist, legt man dem Text die tatsächlichen historischen Begebenheiten zugrunde, also höchstens der zweite Regierungssitz des Vizekönigs, und die Aussage, »es gäbe keinen Vizekönig von Chili mehr« (S. 13), ist, historisch betrachtet, widersinnig, da Zeitgenossen wahrscheinlich vom Vizekönig von Peru oder vom Generalkapitän von Chile gesprochen hätten. Das sind die Fakten, die sich aus den historischen Quellen über Chile im 17. Jahrhundert herausarbeiten lassen.[5]

Zwischen der im Text behandelten Zeit und den Lebzeiten des Autors hat sich zwar an der politischen Stellung Chiles theoretisch nichts verändert, doch wurden dem Vizekönigreich Peru Gebiete abgetrennt, weil die Vizekönigreiche Neugranada im Jahr 1717 und Rio de la Plata im Jahr 1776 gegründet wurden. Mit dem Vizekönigreich Neuspanien, das seit 1535 besteht, gibt es nun insgesamt vier Vizekönigreiche, denen fünf weitere Statthalterschaften, darunter auch

5 Siehe z. B. die *Historia de Chile* über die Jahre 1492 bis 1717 des chilenischen Historikers Pedro de Córdova y Figueroa (1682–1755), im spanischen Original einsehbar unter www.memoriachilena.gob.cl/602/w3-article-64276.html (Stand: 10. 10. 2020).

Chile, unterstellt sind. Bis zu den Lebzeiten Kleists hat sich die Sprache der historischen Quellen dahingehend verändert, dass das Wort Vizekönig auch auf die fünf Generalkapitäne der abhängigen Statthalterschaften angewendet wird. Kleist würde den Generalkapitän von Chile zu Recht als Vizekönig bezeichnen, wenn seine Erzählung in seiner Gegenwart spielte, was jedoch nicht der Fall ist. Der Autor nimmt sich die Freiheit, Begebenheiten seiner eigenen Zeit auch auf die Vergangenheit zu beziehen. Ebenso ist es historisch falsch, wenn Kleist von einem Erzbischof spricht, denn in Chile gibt es erst ab 1840[6] (also lange nachdem Kleist seine Erzählung schreibt) einen Erzbischof. Zuvor trägt der oberste Geistliche in St. Jago den Titel eines einfachen Bischofs.

■ Generalkapitän und Vizekönig

Für die Erzählung machen diese historisch falschen Bezeichnungen keinen Unterschied, denn die Generalkapitäne haben die gleichen innenpolitischen Vollmachten wie die Vizekönige. Eine Abmilderung des Urteils über Josephe (S. 6) ist ebenso möglich wie die von Jeronimo angestrebte Begnadigung (S. 15). Ebenso ist es nicht relevant, ob ein Erzbischof oder Bischof Josephe den Prozess macht (S. 5).

■ Keine Auswirkungen auf die Erzählung

Chiles Unabhängigkeitsbestrebungen beginnen erst 1808 und damit nach der Entstehung der Erzählung im Jahr 1806. Seine Unabhängigkeit von Spanien erhält das Land im Jahr 1818. Diese Daten sind nennens-

6 Norbert Oellers, »Das Erdbeben in Chili«, in: *Interpretationen. Kleists Erzählungen*, hrsg. von Walter Hinderer, Stuttgart 1998, S. 85–110, hier: S. 85.

wert, da Jeronimo gleich zu Beginn der Erzählung als »Spanier« (S. 5) bezeichnet wird. Leserinnen und Leser aus dem 21. Jahrhundert könnten nun annehmen, es handele sich um einen Ausländer. Dies ist jedoch sowohl für den Entstehungszeitraum als auch für den Handlungszeitraum der Novelle falsch. Chile ist als Kolonie ein Teil Spaniens.

■ Jeronimo ist Spanier

Jedoch besteht auch hier zwischen der Handlungszeit und dem Zeitpunkt der Niederschrift der Erzählung ein Unterschied: 1647 waren Spanier in der Kolonie nichts Besonderes. In den vergangenen hundert Jahren sind ständig neue Siedler aus dem Mutterland eingetroffen und auch Menschen, die in zweiter Generation in Südamerika lebten, bezeichneten sich teilweise noch als Spanierinnen und Spanier. Das heißt, die spanische Herkunft Jeronimos wäre nicht weiter erwähnenswert. Zu Kleists Zeiten hat sich dies verändert. In den meisten lateinamerikanischen Staaten bildet sich ein selbstbewusstes Bürgertum mit eigenem Nationalbewusstsein heraus, das seit vielen Generationen ortsansässig ist und aus der Abhängigkeit Spaniens heraustreten will. Als Kleist die Erzählung zu Beginn des 19. Jahrhunderts verfasst, ist die spanische Herkunft der Hauptfigur also erwähnenswert. Erneut projiziert Kleist Umstände seiner eigenen Zeit auf die Vergangenheit.

■ Spanier ist nicht gleich Spanier

Literaturwissenschaftler sprechen bei diesem Phänomen von doppelter Historizität, denn beide Zeiten erscheinen für uns weit entfernt und deshalb beinahe gleich. Es muss jedoch bedacht werden, dass Kleist

■ Doppelte Historizität

über eine Zeit schreibt, die für ihn bereits 160 Jahre zurückliegt und für ihn ebenso Historie ist.

Keine geschichtliche Erzählung

Dass Kleist ein Kind seiner Zeit ist und eben beschriebene Ungenauigkeiten Eingang in seine Erzählung finden, ist keine Besonderheit. Heutige Hollywoodfilme über die Antike oder das Mittelalter sagen meist auch mehr über die heutige Kultur der USA als über die historischen Zeiten und Orte aus. Kleist war selbst niemals in Chile und will sicherlich auch keinen möglichst detailgetreuen Bericht über das Erdbeben aus dem Jahr 1647 liefern. Trotzdem ist es für die heutigen Leserinnen und Leser gewinnbringend zu rekonstruieren, welche Handlungselemente Kleist aus seiner eigenen Zeit gewinnt und welche nicht, denn so kann die Arbeits- und Denkweise des Autors verstanden werden: Wahrscheinlich hat Kleist zuerst ein abstraktes Handlungsmuster im Kopf, für das er anschließend einen geeigneten historischen Rahmen finden möchte.

Gegensatz zu Schiller

Die Arbeitsweise Kleists unterscheidet sich beispielsweise deutlich von der seines älteren Zeitgenossen Friedrich Schiller. Für dessen Historiendramen, zum Beispiel die *Wallenstein*-Trilogie, *Maria Stuart* oder *Don Carlos*, wertet Schiller, der auch als Historiker tätig ist, geschichtliche Quellen aus und schreibt sie um. Seine Arbeit beginnt also mit einem historischen Sachverhalt, den er für würdig hält, literarisch verarbeitet zu werden. Die meist tragische Geschichte historischer Persönlichkeiten wird so ausgestaltet, dass seine Zuschauerinnen und Leser unterhalten werden und moralische Reifung erfahren. Kleist kennt zumindest einige der Dramen Schillers[7] und verfolgt mit seinen Werken einen ähnlichen Zweck. Doch sein Arbeitsprozess beginnt bei moralischen Fragen, und geschichtliche Ereignisse dienen lediglich als Projektionsfläche. Dennoch hat wohl auch Kleist auf historische Dokumente zurückgegriffen, wie das folgende Kapitel zeigt.

Das Erdbeben von 1647 und die Stadt Santiago

Weil das Erdbeben von Chile für den Autor schon lange zurückliegt, muss er selbst auf Berichte oder historische Quellen zurückgegriffen haben. Bisher ist es Literaturwissenschaftlerinnen und Historikern noch nicht gelungen, mit Sicherheit zu rekonstruieren, um welche Schriften es sich dabei handelt. Das historische Erdbeben hat am 13. Mai 1647 stattgefunden. Kleist verlegt das Erdbeben jedoch auf eine nicht näher bestimmte Zeit nach Fronleichnam. Der Feiertag fiel 1647 auf den 20. Juni, und an diesem Tag bekommt Josephe ihre Wehen (S. 5).

■ Historische Quellen

Der US-amerikanische Literaturwissenschaftler Alfred Owen Aldridge geht davon aus, dass Kleist sich letztlich auf einen Bericht des Bischofs von Santiago bezieht. Dieser hieß Gaspar de Villarreol und seine

■ Augenzeugenbericht des Bischofs

7 Die Lektüre von *Wallenstein* und *Don Karlos* gilt als gesichert, siehe dazu *Kleist – Ein Lebensbild in Briefen und zeitgenössischen Berichten*, hrsg. von Klaus Günzel, Stuttgart 1984, S. 64.

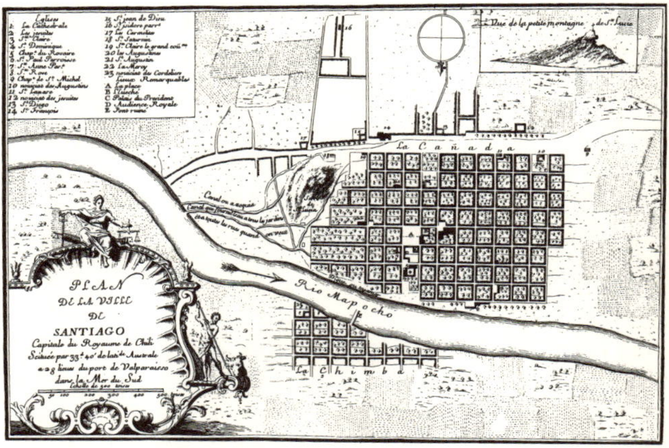

Abb. 5: Historischer Stadtplan von Santiago im 18. Jahrhundert

Schrift *Relación del terremoto que asoló a la ciudad de Santiago de Chile*. Wohl alle bekannten Berichte über das Erdbeben im 18. Jahrhundert, die Kleist zugänglich sein konnten, beziehen sich darauf, während andere Augenzeugenberichte im 18. Jahrhundert als verschollen gelten.

■ Vergleich von Quelle und Erzählung

Anders als Kleists Erzählung, in der das Erdbeben sich am Morgen zuträgt, schildert der Bischof, das Erdbeben habe um 22:37 Uhr stattgefunden. Es dauerte nur wenige Minuten und der Himmel war durch Staubwolken verdunkelt, so dass nicht einmal der Mond die Stadt beleuchtete. Die Kathedrale hat als einzige Kirche das Erdbeben beinahe unbeschädigt überstanden. Die in der Erzählung erwähnte Dominikanerkirche (S. 15) wurde wie alle anderen Kirchen und Klostergebäude völlig zerstört. Nach dem Beben blieben die Überlebenden in der Stadt und verweilten nicht vor den Toren (S. 12). Auch die Stimmung unter der Bevölkerung wird anders beschrieben. Es herrschte Angst und Schrecken, und Geistliche gingen umher und spendeten Trost oder nahmen die Beichte ab.

Wie in der Erzählung (S. 17 f.) ist auch von einer Predigt vor und in der letzten noch stehenden Kirche die Rede. Der Prediger beruhigte die besorgten Christen mit seinen Worten und sagte, das Erdbeben sei kein Beweis für den Zorn Gottes. Die Wirkung der Kanzelrede muss in der Realität also genau gegenteilig zu der aus Kleists Erzählung gewesen sein.[8]

■ Predigt beruhigt die Massen

Einige Parallelen zwischen der historischen Quelle und dem *Erdbeben in Chili* weisen darauf hin, dass Kleist die Quelle zumindest indirekt kennt und ihr Fakten entnimmt. Die relative Kürze des Bebens, das Ausmaß der Zerstörung und eine Predigt in der einzigen noch stehenden Kirche stimmen überein. Nun geht Kleist jedoch frei mit diesen Fakten um und verändert sie so, dass sie zu seiner Erzählung passen. Die Zielsetzung der Predigt ist ebenso wie die Stimmung in der Bevölkerung ins Gegenteil verkehrt, und außerdem findet das Beben am Tag statt.

■ Fakten werden entnommen und verändert

Den Bericht eines französischen Reisenden[9] verwendet Kleist möglicherweise ebenso. Dort ist eben-

■ Weitere Quellen Kleists

8 Alfred Owen Aldridge, »The Background of Kleist's *Das Erdbeben in Chili*«, in: *arcadia. Zeitschrift für vergleichende Literaturwissenschaft* 3 (1968) S. 173–180, hier: S. 175–177.

9 Amédée-François Frezier, *Allerneuste Reise nach der Süd-See*

falls vom Erdbeben von 1647 und zahlreichen Todesopfern die Rede. Außerdem wird ein Kloster der Karmeliterinnen erwähnt, das womöglich als Vorlage für das Kloster dient, in das Josephe gesteckt wird (S. 5, 18). Eine weitere Quelle, Juan Ignatz Molina, *Versuch einer Naturgeschichte von Chili*[10], bietet kaum Übereinstimmungen.

Daher kann man davon ausgehen, dass Kleist den Handlungsort zufällig gewählt hat. Es werden selten Ortsnamen oder konkrete Beschreibungen gewählt. Die im Text erwähnte Hafenstadt La Conception, Hügel vor der Stadt und der Mapochofluss befinden sich zwar tatsächlich in der Umgebung Santiagos. Das Tal, in das sich die Überlebenden geflüchtet haben, ist in Kleists Darstellung aber ein *locus amoenus*, das heißt, ein bewusst literarisch stilisierter und idealisierter Ort.[11] Kleists Ziel ist es nicht, ein realistisches Werk mit historischer Detailtreue[12] zu verfassen, sondern er verwendet das Erdbeben von 1647 – wie eben gezeigt – als Projektionsfläche für seine eigenen Gedanken und Ideen.

locus amoenus

und denen Küsten von Chili, Peru und Brasilien, aus dem Frz. übers., Hamburg 1718, S. 130–135.

10 Juan Ignatz Molina, *Versuch einer Naturgeschichte von Chili*, aus dem Ital. übers. von Joachim Dietrich Brandis, Leipzig 1786, S. 28.

11 Hedwig Appelt / Dirk Grathoff, *Erläuterungen und Dokumente, Heinrich von Kleist, »Das Erdbeben in Chili«*, Stuttgart 2004, S. 52.

12 Appelt/Grathoff (s. Anm. 11), S. 42.

Nach der eben beschriebenen Arbeitsweise des Autors ist es nicht verwunderlich, dass die Figuren der Erzählung sich nicht als historische Personen nachweisen lassen. Kleist entwirft seine Hauptfiguren, um an ihnen philosophische Fragen diskutieren zu können (das wird im Kapitel »Interpretationsansätze«, S. 72–99, genauer ausgeführt). Seine Nebenfiguren dienen lediglich dazu, die Handlung voranzutreiben (siehe Kapitel »Figuren«, S. 43 f.). Auffällig ist jedoch, dass einige Figurennamen mit kleinen Änderungen in Kleists Erstlingsdrama *Die Familie Ghonorez* vorkommen, das, mit Verlegung der Handlung ins Mittelalter, 1803 unter dem Titel *Die Familie Schroffenstein* erschien.

Figuren sind keine historischen Personen

6. Interpretationsansätze

Hier werden sieben Interpretationsweisen gezeigt, die locker miteinander verbunden sind. Die ersten vier Unterkapitel beschäftigen sich mit philosophischen und die folgenden drei mit literaturwissenschaftlichen Fragestellungen.

Das Erdbeben von Lissabon und Theodizee

Wie im vorherigen Kapitel erwähnt, wählt Kleist das Erdbeben von 1647 als Ausgangspunkt seiner Handlung. Es ist jedoch das Erdbeben von Lissabon aus dem Jahre 1755, das sein Denken prägt. Sicherlich klingt dies zunächst verwunderlich, denn die Naturkatastrophe ereignet sich 22 Jahre, bevor Kleist überhaupt geboren wird, doch sorgt sie für ein Nachbeben in der europäischen Geistesgeschichte.

■ Diskussion über das Beben hält bis zur Kleist-Zeit an

So erinnert sich beispielsweise Goethe, der zum Zeitpunkt des Geschehens gerade einmal sechs Jahre alt war, in seiner autobiografischen Schrift *Dichtung und Wahrheit* an die Schreckensnachrichten, die ihn aus Portugal erreichten:

> »Die Erde bebt und schwankt, das Meer braust auf, die Schiffe schlagen zusammen, Häuser stürzen ein, Kirchen und Türme darüber her, der königliche Palast zum Teil wird vom Meere verschlungen, die geborstene Erde scheint Flammen zu speien: denn überall meldet sich Rauch und Brand in den Rui-

Abb. 6: Das Erdbeben von Lissabon, 1755. Zeitgenössischer Kupferstich

> nen. Sechzigtausend Menschen […] gehen miteinander zu Grunde, und der glücklichste darunter ist der zu nennen, dem keine Empfindung, keine Besinnung über das Unglück mehr gestattet ist. Die Flammen wüten fort, und mit ihnen wütet eine Schar […] durch dieses Ereignis in Freiheit gesetzter Verbrecher. Die unglücklichen Übriggebliebenen sind dem Raube, dem Morde, allen Misshandlungen bloßgestellt. Und so behauptet von allen Seiten die Natur ihre schrankenlose Willkür.«[13]

Im weiteren Verlauf seiner Schilderungen berichtet Goethe, wie er als sechsjähriger Knabe Schwierigkeiten gehabt habe, das Ereignis zu verarbeiten. Er geht

13 Johann Wolfgang Goethe, *Dichtung und Wahrheit*, hrsg. von Walter Hettche, Stuttgart 2012, S. 31 f.

dabei im Rückblick auf die Diskussion ein, die die europäische Strömung der Aufklärung in der zweiten Hälfte des 18. Jahrhunderts beschäftigt. Dank naturwissenschaftlicher Errungenschaften und Vernunftglauben verändert sich allmählich die Sicht auf die Welt. Im Mittelalter und bis weit in die Neuzeit hinein interpretierten gebildete Geistliche das Weltgeschehen für die Menschen und sahen in Naturkatastrophen normalerweise eine Strafe Gottes, der hier als Richter fungierte.

■ Erdbeben als Strafe Gottes?

Nun stehen sich für die Denker der Aufklärung jedoch zwei unvereinbare Gegensätze gegenüber: Auf der einen Seite ist Gott im christlichen Sinne, das heißt das Wesen, das die Welt erschaffen hat, das allmächtig, gut und gerecht ist. Auf der anderen Seite steht die Naturkatastrophe, die für Zeitgenossen ohne Vorwarnung kommt und unerklärbar ist. Sie sucht mit Lissabon die Hauptstadt eines katholischen Staates heim, der sich durch seine Kolonien überregional für die Verbreitung des Christentums einsetzt. Zudem ereignet sich das Erdbeben am 1. November, einem katholischen Feiertag, und verschont die auf einem Hügel gelegene Alfama, einen Stadtteil, der vor allem wegen seiner Lasterhaftigkeit bekannt ist. Es fällt deshalb schwer, von einer Strafe eines richtenden Gottes zu sprechen.

■ Unvereinbarkeit von Gottes Allmacht und Güte

Doch auch wenn Gott das Erdbeben nicht als Strafe geschickt hat, so ist es dennoch passiert. Das heißt, Gott *kann* oder *will* es nicht verhindern. Kann er es nicht verhindern, fehlt ihm die Macht. Will er es nicht verhindern, fehlt ihm die Güte, die Voltaire im folgenden Auszug seines Gedichts über das Erdbeben von Lissabon in Zweifel zieht:

> »O unglückselige Menschen, bejammernswerte Erde!
> Unsinniger Leiden unaufhörliche Qual!
> – Betrogene Philosophen. Ihr schreit: »Alles ist gut!«
> Kommt her! Und seht die grässlichen Ruinen,
> verstreute Glieder unter Marmortrümmern.
> – Wie einen Gott sich denken, der, die Güte selbst,
> den Kindern, die er liebt, die Gaben spendet,
> und doch mit vollen Händen Übel auf sie gießt?«[14]

Der Auszug entlässt seine Leserinnen und Leser mit einer offenen Frage, die sich so vereinfachen lässt: Wie ist es möglich, dass ein guter Gott Schlechtes zulässt?

Wie ist das Leiden der Menschen, das im Erdbeben von Lissabon besonders sichtbar wurde, mit der Annahme zu vereinbaren, dass Gott sowohl vollkommen gut als auch allmächtig ist? Die Beantwortung dieser Frage wird von Philosophinnen und Philosophen als »Theodizee-Problem« bezeichnet. Alle möglichen Antworten werden gläubige Menschen ungern hören: Entweder ist Gott kein gutes oder gerechtes

■ Theodizee

14 Voltaire, »Gedicht über das Erdbeben von Lissabon«, zit. nach Horst Günther, *Das Erdbeben von Lissabon erschüttert die Meinungen und setzt das Denken in Bewegung*, Berlin 1994, S. 27.

Wesen. Das bedeutet, er lenkt zwar die Geschicke der Menschen, aber es ist ihm egal, ob dabei etwas Gutes herauskommt. Oder man muss davon absehen, Gott als allmächtiges Wesen anzusehen. Das würde bedeuten, der Mensch wäre auf sich allein gestellt.

Die zweite Möglichkeit ist es, die die Aufklärer fasziniert. Immanuel Kant (1724–1804) sieht den Menschen als vernunftbegabtes Wesen mit freiem Willen an, das die Lücke füllen kann, die ein nicht allmächtiger Gott hinterlässt. Laut Kant muss der Mensch sich zu Lebzeiten nicht vor Gott, sondern vor dem moralischen Gesetz und seinem eigenen Pflichtgefühl verantworten. Dementsprechend definiert er 1784 die Aufklärung als »den Ausgang des Menschen aus seiner selbstverschuldeten Unmündigkeit«.[15]

Ausgang aus der Unmündigkeit

Schon zuvor postuliert der französische Philosoph Jean-Jacques Rousseau (1712–1778) eine vernunftbasierte Religion. Er nimmt Gott zwar als Erschaffer der Welt, aber nicht als ›Weltenlenker‹ an und ist somit ein Anhänger des Deismus. Diese Lehre spricht der Religion die Autorität einer Offenbarung ab, und Gott die Möglichkeit, in den Verlauf der Dinge einzugreifen. Der französische Autor Marie-Henri Beyle (1783–1842), besser bekannt unter seinem Pseudonym Stendhal, ist deutlich radikaler. Eine vielzitierte Aussage lautet: »Die einzige Entschuldigung Gottes ist,

Deismus und Atheismus

15 Immanuel Kant, *Beantwortung der Frage: Was ist Aufklärung?*, in: *Was ist Aufklärung? Thesen, Definitionen, Dokumente*, hrsg. von Barbara Stollberg-Rilinger, Stuttgart 2010, S. 9–18, hier: S. 9.

dass er nicht existiert.« Dieses Zitat darf ironisch verstanden werden, schließlich kann sich ein Wesen, das nicht existiert, auch nicht entschuldigen. Stendhal gehört zu den Wegbereitern des modernen Atheismus, einer Weltanschauung, nach der es keinen Gott gibt, so dass sich die Frage nach seiner Allmacht oder Güte nicht mehr stellt.

Nun, da man das Erdbeben von Lissabon nicht mehr als Strafe Gottes ansieht oder es mit dem Eingreifen einer höheren Macht erklären will, braucht es eine andere Ursache für die Naturkatastrophe. Kant will in seiner Schrift *Geschichte und Naturbeschreibung der merkwürdigsten Vorfälle des Erdbebens, welches an dem Ende des 1755sten Jahres einen großen Teil der Erde erschüttert hat*[16] eine naturwissenschaftliche Erklärung für Erdbeben liefern. Zunächst schließt er eine göttliche Ursache aus, da christliche und heidnische Länder gleichermaßen betroffen seien. Anschließend argumentiert er mit Hohlräumen und Gasblasen, die im Inneren der Erde entstehen und so Vibrationen auf der Oberfläche erzeugen. Natürlich liegt er mit dieser Vermutung falsch. Es soll noch bis zum Beginn des 20. Jahrhunderts dauern, bis Forscher Verschiebungen der tektonisches Platten als Ursache für Erdbeben benennen und damit die bis heute gültige Theorie aufstellen.

Natürliche Ursachen für Erdeben

16 Diese findet sich etwa in: *Kants Werke*, Akademie-Textausgabe, Bd. 1: *Vorkritische Schriften I: 1747–1756*, Berlin 1968, S. 429–461.

Kleists Beitrag

Als Kleist seine Erzählung Anfang des 19. Jahrhunderts verfasst, ist ihm die eben aufgezeigt Debatte um die Frage der Theodizee mit Sicherheit bekannt. Mit seiner Erzählung liefert Kleist einen weiteren Debattenbeitrag. Sind die Erklärungsversuche seiner eigenen Zeit durchaus ambivalent und schwanken zwischen Deismus und Atheismus oder zwischen Naturwissenschaft und Theologie, so hatte die katholische Kirche im Chile des 17. Jahrhunderts noch die alleinige Deutungshoheit. Gerade deshalb ist es für den jungen Dichter reizvoll, die Handlung in einer längst vergangenen Zeit zu situieren.

Dass allein die katholische Kirche in der Erzählung bestimmt, was rechtens ist und was nicht, ist offensichtlich. Es ist der Erzbischof, also der höchste Kirchenvertreter, der Josephe den Prozess macht, und zuvor schickt Familie Asteron die »junge Sünderin« (S. 5) in ein Kloster und hofft so auf eine Besserung ihres Betragens.

Der Chorherr interpretiert das Erdbeben

In seiner Predigt vergleicht der Chorherr das Erdbeben mit dem Jüngsten Gericht. Er geht von einem göttlichen Richter aus, der die »Sittenverderbnis der Stadt« (S. 18) nicht länger ertragen kann und die Bürgerinnen und Bürger St. Jagos bestraft, wie er einst jene Sodoms und Gomorrhas bestrafte. Als Beispiel führt er die Vorfälle um Jeronimo und Josephe an. Sowohl dem zeitgenössischen Kleist-Leser als auch der heutigen Leserin muss hier ein logischer Fehler auffallen. Schließlich überleben die beiden ›Übeltäter‹ das Erdbeben nicht nur, sondern sie werden nur dank dieser Erderschütterung gerettet. Hätte der vom Chorherrn beschworene strafende Gott Jeronimo und Josephe richten wollen, so hätte er eben kein Erdbeben geschickt.

Doch auch wenn man sich auf die Argumentationsweise des Chorherrn einlässt und seiner Prämisse folgt, ergeben sich Ungereimtheiten: Warum muss eine ganze Stadt zerstört werden, wenn sich nur einige Sünderinnen und Sünder unter den Bewohnenden finden? Und erneut: Warum überleben gerade Jeronimo und Josephe, die eindeutig als Sünder identifiziert werden? Der einzig logische Ausweg, der dem Chorherrn übrig bliebe, wäre anzunehmen, dass Gott ein Wesen mit groben Händen ist, das nur mit großen Katastrophen, nicht aber mit passgenaueren Methoden die Schicksale der Menschen beeinflussen kann. In letzter Konsequenz ist es der Chorherr selbst, der mithilfe der von ihm aufgepeitschten Menge den vermeintlichen göttlichen Plan in die Tat umsetzt. Das Ergebnis ist aber bekannt: Es sterben neben den beiden »Sündern« auch eine ganze Reihe weiterer Unschuldiger in einem grauenvollen Massaker.

■ Gott – ein Wesen mit groben Händen?

Natürlich will Kleist mit seiner Erzählung nicht zeigen, wie Menschen dabei helfen können, einen göttlichen Plan auszuführen. Im Gegenteil: Die Leserinnen und Leser werden zur Beschäftigung mit der Frage der Theodizee angeregt; die Erzählung zeigt klar die Gefahren eines falsch verstandenen Glaubens auf, indem sie seine Widersprüchlichkeit vorführt. An einem Negativbeispiel zeigt sie, wozu blinder Gottes-

■ Falsch verstandener Glaube

glaube führen kann. Diese Interpretation wird von den zahlreichen ironischen Andeutungen unterstützt (siehe Kapitel »Form und literarische Technik«, S. 55).

Naturzustand als Utopie

Ideen der Aufklärung finden nicht nur in Form der Theodizee-Debatte Eingang in die Erzählung, sondern auch in Form eines Gedankenexperiments. Bei einem Gedankenexperiment wird ein Aspekt der Realität in Gedanken modifiziert, und es werden mögliche Folgen diskutiert. Bewusst wird die Nähe zum naturwissenschaftlichen Experiment gesucht: Bei beiden wird streng methodisch vorgegangen, und es wird nur ein Parameter verändert, um seinen Einfluss auf das Gesamtsetting zu beobachten. Beim naturwissenschaftlichen Experiment gelingt dies durch Beobachtung: Man kann zum Beispiel sehen, ob sich eine Flüssigkeit verfärbt oder eine Glühbirne leuchtet. Beim Gedankenexperiment kann man nicht auf die Empirie zurückgreifen. Umgangssprachlich ist auch von Was-wäre-wenn-Szenarien die Rede.

■ Gedankenexperiment

Eines der bekanntesten philosophischen Experimente wird vom Engländer Thomas Hobbes (1588–1679) angestellt, und damit noch vor der Epoche der Aufklärung. Er überlegt in seiner Schrift *Leviathan* (1651), wie sich die Menschen verhielten, wenn sie in einer Gesellschaft ohne staatliche Kontrolle, Regeln und Institutionen lebten. Diesen Zustand, der vor aller Kultur liegt, nennt er Naturzustand. Damit ist kein

■ Hobbes' gedanklicher Naturzustand

tatsächlicher historischer Zeitabschnitt gemeint, sondern der Naturzustand wird lediglich gedacht.

Hobbes' negatives Menschenbild

Hobbes geht davon aus, dass der Mensch egoistisch ist und behauptet, im Naturzustand müssten demnach das Recht des Stärkeren und somit Mord und Totschlag herrschen. Er verwendet die Formel *homo homini lupus*, was so viel bedeutet wie »Der Mensch ist dem Menschen ein Wolf«. Hobbes sieht im Wolf ein blutrünstiges Raubtier und geht davon aus, Menschen verhielten sich zueinander so ähnlich wie Wölfe gegenüber ihrer Umwelt, wenn sie keine Strafe für ihr Verhalten zu erwarten hätten. Sein Menschenbild ist folglich sehr negativ, geradezu düster.

Entgegengesetztes Modell in der Aufklärung und bei Kleist

Ein entgegengesetztes Modell wird von der Aufklärung entwickelt. Kleist greift darauf zurück: Nach dem Erdbeben finden sich die meisten Überlebenden auf den Hügeln und Tälern vor der Stadt ein. Zuvor wird gezeigt, wie staatliche und kirchliche Institutionen und Würdenträger dem Erdbeben zum Opfer fallen (S. 10). Das heißt, die Menschen vor der Stadt sind sich selbst überlassen; sie können im Falle eines Streits keine höhere Instanz anrufen, und Verbrechen werden nicht bestraft – doch das scheint vor den Toren der Stadt auch gar nicht nötig.

»Tal von Eden«

Der Erzähler spricht vom »Tal von Eden« (S. 11), in dem sich Jeronimo und Josephe wiederfinden. Hiermit spielt er klar auf den Garten Eden, das Paradies, an. Laut der Lehren der drei monotheistischen Religionen leben in diesem Garten die ersten Menschen ohne Leid und Schmerz. Laut jüdischer, islamischer und christlicher Tradition ist es den Menschen nach ihrem Tod möglich, zurück in dieses Paradies zu gelangen. In Kleists Erzählung scheint das Paradies schon im Diesseits zu existieren, denn die Menschen gehen ohne Neid und Missgunst miteinander um. Josephe reicht einem fremden Baby wie selbstverständlich die Brust (S. 12) und Don Fernando behandelt sie nicht anders als seine eigene Familie (S. 12). Kleists Menschenbild ist zumindest in diesem Teil der Geschichte ein ausgesprochen positives.

Weiter wird beschrieben wie

> »Menschen von allen Ständen durcheinander liegen, Fürsten und Bettler, Matronen und Bäuerinnen, Staatsbeamte und Tagelöhner, Klosterherren und Klosterfrauen: einander bemitleiden, sich wechselseitig Hülfe reichen, von dem, was sie zur Erhaltung ihres Lebens gerettet haben mochten [...].« (S. 14)

Utopische Idylle

Diese Textstelle ist in vielerlei Hinsicht bemerkenswert. Die Beschreibung wirkt geradezu idyllisch: Friedlich liegen verschiedene Menschen durcheinander und teilen, was ihnen übrig geblieben ist. Weder von Streitigkeiten um die sicherlich knappen Nahrungsmittel noch von Verwundeten wird berichtet. Nichts deutet auf die kurz zuvor geschehene Katastrophe hin. In mehreren Gegensatzpaaren wird eine soziale Utopie beschrieben. Fürsten und Bettler, das heißt die Reichsten und Ärmsten der Gesellschaft, liegen ebenso gleichberechtigt nebeneinander wie Staatsbeamte und Tagelöhner (d. h. die mit dem angesehensten und geringsten Status). Hier ist Kleist von den Ideen der französischen Revolution beeinflusst. Neben Freiheit forderte das französische Volk auch Brüderlichkeit und Gleichheit, also Werte, die in der Kleist'schen Utopie eindeutig verwirklicht werden, da Menschen aller Stände durcheinander liegen. Auch Geschlechterunterschiede scheinen keine Rolle zu spielen, denn es ist von Matronen und nicht von Patronen sowie von Bäuerinnen und nicht von Bauern die Rede. Außerdem lässt sich eine klare textliche Nähe zu Schillers Gedicht *An die Freude* feststellen. Dort heißt es »Alle Menschen werden Brüder« und »Freude trinken alle Wesen / An den Brüsten der Natur, / Alle Guten, alle Bösen«.[17]

An die Stelle von »nichtssagenden Unterhaltungen [...] an den Teetischen« treten in Kleists Utopie Gespräche über »Römergröße«, »Selbstverleumdung« und »Aufopferung« (S. 14). An ihnen nehmen auch Menschen teil, die man zuvor nicht geachtet hat. Das »allgemeine Unglück« hat also alle Menschen »zu *einer* Familie gemacht« (S. 14). Das Bild der Menschheitsfamilie entlehnt Kleist möglicherweise Gotthold Ephraim Lessings (1729–1781) Drama *Nathan der Weise*. Hier geht es unter anderem um die Zusammenführung einer tatsächlichen Familie, deren Mit-

Menschheitsfamilie

17 Das Gedicht findet sich etwa in Friedrich Schiller, *Schillers sämtliche Werke*, Säkular-Ausgabe, Bd. 1: *Gedichte I*, Stuttgart 1904, S. 4 f.

glieder nicht nur verschiedenen gesellschaftlichen Schichten, sondern auch unterschiedlichen Religionen – dem Judentum, dem Islam und dem Christentum – angehören. Der Aufklärer Lessing spricht sich für Toleranz zwischen den Religionen in einem humanistischen Sinne aus. Demnach ist es egal, welcher Religion man angehört, denn wichtiger ist die Zugehörigkeit zu einer Familie, nämlich der Menschheitsfamilie. Dieser Gedanke wird am Ende der Erzählung von Don Fernando konsequent gelebt, denn er adoptiert den kleinen Philipp und fühlt sich dabei, »als müsst er sich freuen« (S. 22).

Positives Menschenbild auch bei Rousseau …

Das positive Menschenbild Kleists, das im paradiesischen Tal vor der Stadt zum Ausdruck kommt, findet sich etwas abgemildert bereits bei Jean-Jacques Rousseau. Der Philosoph der Aufklärung übernimmt die Überlegungen zum Naturzustand von Hobbes und geht davon aus, dass der Mensch nicht nur von Selbstliebe, sondern auch von Mitleid gesteuert wird. Der Mensch ist von Natur aus gut; es ist erst der Zusammenschluss zu einer Gesellschaft, der das Schlechte zum Vorschein bringt:

> »[D]er Mensch ist von Natur aus gut: das glaube ich bewiesen zu haben. […] Man mag die menschliche Gesellschaft bewundern so viel man will, es wird dadurch doch nicht weniger wahr, dass sie notwendigerweise die Menschen dazu bringt, sich gegenseitig in dem Maße zu hassen, in dem ihre Interessen sich kreuzen, und sich zum Schein gegenseitig

Dienste zu erweisen und in Wirklichkeit sich alle nur vorstellbaren Übel zuzufügen.«[18]

Auch im 21. Jahrhundert lassen sich popkulturelle Beispiele heranziehen, die ein ähnliches Bild vom Menschen thematisieren. Die Berliner Hip-Hop-Formation K.I.Z besingt in ihrem Lied *Hurra die Welt geht unter* ebenfalls eine Form des Naturzustands. Ähnlich wie bei Kleist wird der Zustand nicht nur postuliert, sondern auch durch eine Katastrophe hervorgerufen. Nach einem Atomkrieg leben die überlebenden Menschen in einer nach-staatlichen und post-kapitalistischen Welt. Sie teilen sich alles, sind hauptsächlich mit dem Anbauen von Nahrung beschäftigt und genießen ihre Freizeit in vollen Zügen. Kinder, die die Situation vor »dieser Bombe vor 10 Jahren« nicht miterlebt haben, kennen kein Geld, keine Religion und keinen Staat und somit auch keinen Streit, keine Eifersucht und sie »wein' nicht / Denn wir ziehen sie alle miteinander auf«.[19] Auch hier findet sich der Gedanke der Menschheitsfamilie.

… und in heutiger Zeit

Doch *Das Erdbeben in Chili* bleibt in der Frage, ob der Mensch von Natur aus oder in einem angenommenen Urzustand gut oder schlecht ist, ambivalent:

18 Jean-Jacques Rousseau, *Abhandlung über den Ursprung und die Grundlagen der Ungleichheit unter den Menschen*, aus dem Frz. übers. und hrsg. von Philipp Rippel, Stuttgart 1998, S. 125, Anm. i.

19 K.I.Z, *Hurra die Welt geht unter*, zit. nach: www.songtexte.com/songtext/kiz/hurra-die-welt-geht-unter-2b7d-d4ca.html (Stand: 6. 2. 2020).

Die utopischen Zustände im Tal vor der Stadt halten nicht ewig an. Auch wenn man Kleist eine inhaltliche Nähe zur Aufklärung attestieren kann, so findet im *Erdbeben in Chili* ebenfalls eine kritische Distanzierung statt. Während Lessings Drama mit einem Aufruf zur Toleranz endet, Rousseaus Gedankengang zu einer besseren Gesellschaft führen soll und die postapokalyptische Vision K.I.Zs unbestimmt fortbesteht, endet Kleists Utopie nach nur einem halben Tag in einem Massaker. In gewisser Weise wird dies schon in der Formulierung »Tal von Eden« (S. 11) angedeutet, denn die Zeit im Garten Eden endet mit der Erbsünde und der Vertreibung aus dem Paradies. Der erwähnte »Granatapfelbaum« (S. 11) führt diese Symbolik fort. Er steht einerseits für Fruchtbarkeit, aber andererseits auch für den Baum der Erkenntnis, dessen Früchte für das Ende der Zeit im Paradies verantwortlich sind. In der griechischen Mythologie, bei der Entführung der Persephone, hat der Granatapfel ebenfalls eine symbolische, unheilvolle Bedeutung.

■ Vertreibung aus dem Paradies

Der aufgebrachte Mob und die Lynchjustiz

In Kleists Erzählung findet also auch der düstere, gewaltvolle Ausgang des Hobbes'schen Gedankenexperiments Platz. Schon während der Zeit der Idylle vor der Stadt dringen Schreckensnachrichten aus St. Jago zur Gruppe um Don Fernando. Unschuldige werden getötet, weil sie für Plünderer gehalten werden, und der Vizekönig muss einen Galgen errichten,

■ Die Stadt als rechtloser Ort

um tatsächlichen Plünderern Einhalt zu gebieten (S. 13). In der Stadt ist die Rechtsordnung aufgrund der Katastrophe phasenweise außer Kontrolle, was die Menschen sofort zu schlimmen Taten anstiftet, wie sie auch Hobbes in seinen Überlegungen prophezeit.

In der Schlussszene vor der Kirche kommt das negative Menschenbild Kleists noch viel deutlicher zum Tragen. Nach der Predigt des ältesten Chorherrn sind die Messeteilnehmer geradezu in einen Blutrausch versetzt. Sie sind bereit, andere Menschen zu töten. Ihrer Meinung nach wird erst der Tod Jeronimos, Josephes und ihres Sohnes Philipp Gott besänftigen und so weiteres Unheil von der Stadt abhalten. Es herrscht Lynchjustiz, was bedeutet, dass Übeltäterinnen und -täter sofort und ohne vorherige Überprüfung ihres Falles gerichtet werden. Aufgrund dieser vorschnellen Schlüsse sterben Constanze und Juan, die eigentlich unbeteiligt sind (S. 20 f.).

■ Negatives Menschenbild bei Kleist

Das System der Lynchjustiz kann nur funktionieren, da der Wortführer Pedrillo die Masse der Anwesenden hinter sich hat. Kleist beschreibt eine »unermessliche Menschenmenge« und »Gedränge«, das sich »bis weit vor den Portalen auf den Vorplatz der Kirche hinaus« (S. 17) erstreckt. Soziologen sprechen von »Massen« oder »Menschenmassen«, wenn sich zahlreiche Menschen auf engem Raum zusammenfinden und kollektiv handeln. Das ist hier eindeutig der Fall. Außer Pedrillo und dem Vater Jeronimos bleiben die Mitglieder des Mobs ungenannt und

■ Die Masse im soziologischen Sinn

agieren als eine Einheit, wenn sie »steinigt sie!« (S. 19) oder »bringt sie zu Tode!« (S. 20) rufen. Josephe stirbt, indem sie sich in die Menge stürzt. Es wird erwähnt, wie Pedrillo sie erschlägt. Aber die Tatsache, dass sie in der Masse verschwindet, genügt bereits, um ihren Tod anzuzeigen. In der Soziologie wird der Begriff Masse oft pejorativ verwendet. Etwas salopp kann man sagen, die Masse ist dumm, unkritisch. Tatsächlich lassen sich Menschen, die Teil einer Masse sind, leicht zu Taten verleiten, die sie alleine oder nach reichlicher Überlegung nicht ausführen würden.

Opposition von Idylle und Massaker

Die Idylle auf den Hügeln der Stadt und die Schlussszene stehen in klarer Opposition zueinander. In beiden Situationen wird erörtert, wie sich Menschen ohne klar vorgegebene soziale Regeln und Gesetze verhalten. Es ist kein Zufall, dass es ein Schuhflicker ist, der die aufgebrachte Meute anführt und auch zwei angesehene Adlige, Don Fernando und sein Bekannter Don Alonzo, es nicht schaffen, sie zu beruhigen. Wie schon bei der Idylle vor der Stadt handelt es sich auch in der Schlussszene um einen klassenlosen Zustand, doch der Ausgang könnte unterschiedlicher kaum sein. Idylle und Massaker bilden komplementäre Gegensätze. Der Schock, den das blutige Ende der Erzählung erzeugt, sitzt umso tiefer, da die Leserinnen und Leser im Mittelteil auf einen glücklichen Ausgang hoffen durften. Der Tod der beiden Hauptfiguren ist tragisch, weil Kleist zuvor mit der Utopie eine Alternative aufgezeigt hat.

Kritik an der katholischen Kirche

Das Ende der Erzählung lässt sich als Kritik an kirchlichen Institutionen und einem von ihnen aufoktroyierten, Gewalttaten rechtfertigenden Glauben lesen. Auch in der paradiesischen Idylle werden »Klosterherren und Klosterfrauen« (S. 14) erwähnt, aber sie handeln nicht, sondern werden nur als Beispiele für die Zusammensetzung der Überlebenden herangezogen. Sie sind einer von vielen Teilen der klassenlosen Gesellschaft auf den Hügeln vor der Stadt. In der Schlussszene unterstreicht die katholische Kirche in Gestalt des Chorherrn ihren Führungsanspruch. Der Chorherr deutet das Erdbeben als göttliche Strafe und findet in Jeronimo und Josephe einen willkommenen Sündenbock. Er ist mutwilliger Auslöser des Gewaltausbruchs und damit mitverantwortlich für das Massaker.

Die Philosophie des Utilitarismus

Wie in den vorherigen Kapiteln gezeigt, gibt es in der Erzählung einige Verweise auf philosophische Strömungen oder deren Vertreter. Hier soll eine weitere Denkart der Philosophie angesprochen werden, die im *Erdbeben in Chili* zumindest in ihren Kernideen Anklang findet. Nachdem die paradiesischen Zustände im Tal vor der Stadt beschrieben werden, stellt der Erzähler die Überlegung an, »ob die Summe des allgemeinen Wohlseins nicht von der einen Seite um ebenso viel gewachsen war, als sie von der anderen abgenommen hatte« (S. 14).

Ist Wohlbefinden quantifizierbar?

Hier wird davon ausgegangen, dass man »Wohlsein« zählen oder messen kann. Die meisten Philosophien gehen davon aus, man könne »Wohlsein« oder Glücksempfinden nicht quantifizieren. Rein intuitiv stimmen die meisten Menschen hier zu. Es ist nicht automatisch gesagt, dass drei glückliche Menschen einen höheren Wert als zwei glückliche Menschen haben. Und auch das Glücksempfinden zweier verschiedener Menschen ist nicht vergleichbar: Der eine freut sich zum Beispiel mehr, wenn ihm etwas bestimmtes Gutes widerfährt, als der andere. Doch wodurch wird dies angezeigt? Durch eine heftigere emotionale Reaktion? Es könnte aber auch sein, dass die beiden Personen Emotionen unterschiedlich stark äußern, aber innerlich dasselbe empfinden. Auch eine sprachliche Verständigung über Wohlbefinden und Glück fällt schwer, da unsere Sprache sehr ungenau ist, besonders dann, wenn es um qualitative Adjektive wie »gut« oder »schlecht« geht.

In der angeführten Textstelle geht Kleist jedoch wie selbstverständlich von der Quantifizierbarkeit von Wohlsein aus. Nach Josephes Empfinden ist der Grad des Wohlseins während des Erdbebens zunächst gefallen. Das liegt auf der Hand, denn es sind viele Todesopfer zu beklagen, und die Überlebenden haben ihr Dach über dem Kopf verloren, sind verletzt etc. Nach dem Erdbeben sind die Überlebenden jedoch – so scheint es Josephe – womöglich glücklicher als zuvor, weswegen sich Glück und Unglück die Waage halten. Sprachlich und mit Abstrichen auch inhaltlich wird Kleist hier von der Moralphilosophie des Utilitarismus beeinflusst. Sie wurde von Jeremy Bentham (1748–1832) begründet und in ihr steht der Nutzen einer Handlung im Mittelpunkt. Stark vereinfacht ist eine Handlung dann moralisch gut, wenn sie mehr Glück als Leid hervorruft. Auch Handlungen, die man eigentlich verurteilt, können unter Umständen erlaubt oder gar geboten sein, wenn ihre Folgen positiv sind. Entscheidend ist nur die Gesamtbilanz, das heißt, die Summe des Wohlergehens aller von der Handlung Betroffenen. Oder wie Kleist sagt: die »Summe des allgemeinen Wohlseins« (S. 14).

■ Kleist argumentiert utilitaristisch

Kleist kannte den Begriff »Utilitarismus« nicht, da er erst im Laufe des 19. Jahrhunderts von John Stuart Mill (1806–1873) geprägt wurde. Bereits 1789 aber veröffentlicht Bentham seine Schrift *An Introduction to the Principles of Moral and Legislation*, in der er eine utilitaristische Ethik entwickelte; und eine deutsche Übersetzung folgt wenig später. Kleist wird die Denkart bekannt gewesen sein, was die gedankliche und sprachliche Nähe deutlich anzeigt. In der Erzählung *Das Erdbeben in Chili* wird der Gedankengang jedoch nicht zu Ende geführt. Wenn die Berechnungen Josephes nämlich stimmen und das Erdbeben die Summe des allgemeinen Wohlseins unverändert lässt, so würde ein konsequenter Anhänger des Utilitarismus kaum von einer Katastrophe sprechen – und Josephe tut es in diesem Moment auch nicht. Auch hätte Gott als Verursacher des Erdbebens (siehe S. 74–77 dieses Lektüreschlüssels) nach utilitaristischer

■ Das Erdbeben aus utilitaristischer Sicht

Denkart die Menschheit nicht gestraft, sondern nur dafür gesorgt, dass glücklichere Menschen zurückbleiben. Auf lange Sicht wäre das Erdbeben demnach ein positiv zu bewertendes Ereignis. Der weitere Verlauf der Erzählung zeigt aber, dass diese Sicht nur im kurzen Moment der realisierten Utopie des »Tals von Eden« denkmöglich ist. Diese hat keinen Bestand; die »Summe des allgemeinen Wohlseins« ist am Ende geringer als vor dem Einsetzen der Handlung.

Bezug auf Bibelstellen

Es finden sich einige direkte und indirekte Anspielungen auf Bibelstellen und -geschichten. Das »Tal von Eden« (S. 11) und der Granatapfel (S. 11) wurden bereits erörtert (in diesem Band S. 81–85 und 86). Der deutlichste biblische Bezug findet sich jedoch in der Predigt des Chorherrn. Er vergleicht die Zustände innerhalb der Stadtmauern St. Jagos mit Sodom und Gomorrha (Altes Testament, 1. Mose 1,18–19). Die beiden Städte werden nach einer Erzählung des Alten Testaments unter einem Regen von Feuer und Asche begraben, weil Gott nur Sünderinnen und Sünder und keine zehn rechtschaffenen Menschen unter den Bewohnern der Stadt finden kann.

■ Sodom und Gomorrha

Es lassen sich auch weniger explizite Bibelanspielungen finden: Jeronimo will sich auf dieselbe Weise wie der Verräter Judas töten (Neues Testament, Matthäus 27,5). Der Vizekönig verhält sich als Statthalter einer fremden Macht ebenso schwach wie Pontius Pi-

■ Weitere Anspielungen auf die Bibel

latus (Matthäus 27,11–26). Der eine hebt das Todesurteil nicht auf, sondern wählt nur eine andere Todesart (S. 6), und der andere entzieht sich völlig des Sprechens eines Urteils, indem er seine Hände in Unschuld wäscht. Ebenso wie keiner der Messebesucher den Sohn des Kommandanten kennen will (S. 18), verleumdet Petrus den Sohn Gottes (Matthäus 26,69–75). Die Liste könnte fortgesetzt werden.[20]

Mit den Anspielungen auf die Bibel will Kleist keinesfalls bloß seine Bibeltreue beweisen. Im Gegenteil: Dank »der ihnen innewohnenden emotionalen Potenzen und des Bedeutungsüberschusses religiöser Rede und Bildlichkeit«[21] gelingt es ihm, seiner Leserschaft die zentrale Rolle der Kirche und ihrer Wertvorstellungen für die Pein Jeronimos und Josephes zu verdeutlichen. Schließlich werden die beiden Hauptfiguren wegen einer Liebesbeziehung bestraft, die entschieden gegen kirchliches Recht verstößt: Eine Nonne wird schwanger. Später werden Jeronimo und Josephe während eines Gottesdienstes in einer Kirche von gläubigen Katholiken niedergemetzelt. Stets handeln die ›Peiniger‹ – das sind in erster Instanz der Erzbischof und der Chorherr, also Geistliche – mit dem besten Gewissen. Sie denken, sie stünden im Einklang mit der christlichen Heilslehre und würden die

Zentrale Rolle der Kirche

20 Siehe dazu: Oellers (s. Anm. 6), S. 99 f.

21 Hans-Jürgen Schrader, »Spuren Gottes in den Trümmern der Welt. Zur Bedeutung biblischer Bilder in Kleists *Erdbeben*«, in: *Kleist-Jahrbuch* (1991), Stuttgart 1991, S. 34–52, hier: S. 39.

Sündigen zwar hart, aber fair bestrafen. Kleist kann davon ausgehen, dass die zeitgenössischen Leserinnen und Leser diesen Zusammenhang verstehen, weil sie die Bibelgeschichten und die der (Luther-)Bibel entlehnten wörtlichen Zitate kennen.

Zufall und bewusst stilisierte Darstellung

■ Zufälle

Der Zufall bzw. das unwahrscheinliche Eintreten unkontrollierbarer Ereignisse, die oft bestimmte Absichten der Figuren durchkreuzen (landläufig auch ›Ironie des Schicksals‹), spielt eine große Rolle in *Das Erdbeben in Chili.* Viele der beschriebenen Vorgänge klingen unglaubwürdig oder zumindest sehr unwahrscheinlich. Viermal spricht der Erzähler selbst in der kurzen Darstellung von »Zufällen« (S. 5, 6) oder von Ereignissen, die »zufällig« (S. 7, 21) passieren: Jeronimo kann die Beziehung zu Josephe durch einen nicht näher beschriebenen Zufall auch während ihrer Verbannung ins Kloster wieder aufnehmen und will sich später mit einem Strick, auf den er zufällig im Gefängnis zurückgreifen kann, erhängen. Eine zufällige Wölbung rettet ihm während des Erdbebens das Leben. Der offensichtlichste Zufall ist natürlich das Erdbeben, das sich just in dem Moment ereignet, als die beiden Hauptfiguren sterben sollen. Ebenso kann man bei einigen Umständen des Gottesdienstes von Zufällen sprechen, wenn man bedenkt, wer alles in der Kirche ist und so für die Identifizierung der Hauptfiguren sorgt.

Der Erzähler benennt die meisten dieser Zufälle

konkret. Er will sie nicht verschleiern oder erklären, sondern die Leserinnen und Leser müssen die Zufälle als gegeben akzeptieren. Wie bereits gezeigt (Kapitel 5: »Quellen und Kontexte«), geht es Kleist nicht um eine detailgetreue und realistische Darstellung, sondern darum, eine moralische Reflexion in seinen Leserinnen und Lesern hervorzurufen. Deshalb ist seine Darstellung bewusst stilisiert und frei von unnötigen Details, die die Katastrophe hinauszögern und die transportierte Botschaft verwässern würden. Aufmerksamen Leserinnen und Lesern fallen einige Ungereimtheiten auf, die Kleist aufgrund der hohen Literarizität seiner Darstellung nicht auflöst. Folgende Fragen bleiben bewusst unbeantwortet: Woher kommt die Feile (S. 6), mit der Jeronimo sich zu befreien versucht? Oder warum haben anscheinend mehrere Gottesdienstbesucher Keulen dabei (S. 20) und zögern nicht, sie einzusetzen?

■ Stilisierte Darstellung

Ebenso unwahrscheinlich scheint die Verwechslung von Constanze und Josephe sowie von Jeronimo und Fernando. Sie erinnert an Shakespeares klassische Verwechslungskomödien (zum Beispiel *The Comedy of Errors* oder *Twelfth Night, or What You Will*). Dort kommt die komödiantische Handlung ebenfalls durch die Verwechslung einzelner Figuren ins Rollen. Auch in deutschen Dramen findet sich dieses Prinzip, beispielsweise in Schillers *Die Verschwörung des Fiesco zu Genua* oder *Die Braut von Messina*. Im Falle der Kleist-Erzählung könnte man sich fragen, warum Josephe nicht ihr eigenes Kind trägt und warum sie mit

■ Die Verwechslung der beiden Paare

Don Fernando und nicht mit ihrem eigentlichen Geliebten geht. Doch erzähltechnisch ist Kleist auf diese Verwechslung angewiesen. Hätte Don Fernando sein eigenes Kind getragen und seine Schwägerin Constanze geführt, so hätte er mit mehr Autorität auf den Mob einwirken können, da er nicht selbst in die Sache verstrickt wäre. Oder – was für die Struktur der Erzählung noch schlimmer wäre – er hätte sich einfach raushalten können bzw. gar nicht erst die Gelegenheit bekommen, das vielleicht rasch identifizierte Paar zu schützen. Dann hätte der Mob möglicherweise die beiden Hauptfiguren mit ihrem Baby getötet und der Handlung hätte ein entscheidendes Element gefehlt. Kleist zeigt nämlich, dass der Masse, die Lynchjustiz betreibt, egal ist, ob Unschuldige oder Schuldige sterben. Der Verstand der Figuren ist ausgeschaltet; der Tod der unbeteiligten Constanze und des jungen Juan wird in Kauf genommen, denn es geht weniger um Rache oder die Verhinderung einer weiteren göttlichen Bestrafung als um das Stillen des eigenen Blutrausches. Kleist zeichnet ein düsteres Menschenbild, wenn er beschreibt, dass sogar der Vater seinen eigenen Sohn tötet, wenn ungünstige Zufälle die Situation dafür schaffen und sein Verstand vernebelt ist.

Der letzte Satz

Der letzte Satz der Erzählung führt die Erzählung zu einem halb offenen Ende:

> »Don Fernando und Donna Elvire nahmen hierauf den kleinen Fremdling zum Pflegesohn an; und wenn Don Fernando Philippen mit Juan verglich, und wie er beide erworben hatte, so war es ihm fast, als müsst er sich freuen.« (S. 22)

Das Ende ist deswegen halb offen, da die Leserinnen und Leser einerseits wissen, dass es dem kleinen Philipp gut geht und er eine gesicherte Zukunft vor sich hat. Andererseits fragt man sich jedoch, warum sich Don Fernando beinahe freut, wenn er an den Tod des eigenen Sohnes denkt. (Durch das abschwächende Adverb »fast« und die »als ob«-Konstruktion bleibt allerdings offen, ob er es tatsächlich tut.)

Wie so oft in der Erzählung gibt Kleist seinen Leserinnen und Lesern sehr wenige Informationen. Über die beiden Babys ist nichts bekannt, außer wer ihre Eltern sind und dass sie eben Säuglinge sind. Jede Form der Interpretation muss deswegen Spekulation bleiben: Vielleicht wird ihn Philipp ein Leben lang daran erinnern, dass nur sein eigener Heldenmut ihn gerettet hat. Vielleicht hat Don Fernando – was für Väter bis tief ins 20. Jahrhundert hinein nicht unüblich ist – noch keine Bindung zu seinem kleinen Sohn aufgebaut. Oder vielleicht denkt er daran, dass er weitere eigene Kinder zeugen kann.

Interpretationen bleiben Vermutungen

All diese Erklärungsversuche sind spekulativ. Eine interessante Alternative liefert der Literaturwissenschaftler Karlheinz Stierle. Er untersucht die narrative Struktur der Erzählung und stellt einen Zusammenhang zwischen dem Ende und zwei kurzen Gesprächen zwischen Don Fernando und Donna Josephe her. Beim ersten stillt Josephe den kleinen Juan und ist somit für beide Babys verantwortlich. Als in und vor der Kirche der Tumult losbricht, fordert Josephe die Erwiderung des Gefallens: »gehn Sie, Don Fernando, retten Sie Ihre beiden Kinder, und überlassen Sie uns unserm Schicksale« (S. 20). Mit diesen Worten nimmt sie Philipp von Jeronimo und gibt ihn Fernando. Auffällig ist, dass sie beide Babys als die Kinder Don Fernandos bezeichnet. Bevor sie sich in die Meute wirft, sagt sie weiter: »leben Sie wohl, Don Fernando mit den Kindern!« (S. 20). Hier sieht Stierle den Schlüssel zur Interpretation des letzten Satzes. Auch während des Massakers erinnert sich Josephe an den paradiesischen Pakt und an die schönen Stunden des Nachmittags, als es scheint, als habe das Unglück die Menschheit zu »*einer* Familie gemacht« (S. 14). Aus Fernandos Perspektive ist die Adoption Philipps also die Garantie für das ewige Fortdauern dieses utopischen Zustands. Da die ganze Menschheit zu einer Familie verschmolzen ist, spielt es keine Rolle, ob man sein eigenes oder ein fremdes Kind aufzieht.[22]

Narrative Struktur: Fortdauern der Utopie

Bei dieser Interpretation ergibt sich eine auffällige Parallele zu Lessings Drama *Nathan der Weise*, das bereits auf S. 83 f. angesprochen wurde. Nathan hat nicht nur einen, sondern gleich sieben Söhne und sei-

Parallele zu Lessings *Nathan der Weise*

22 Karlheinz Stierle, »Das Beben des Bewusstseins. Die narrative Struktur von Kleists *Das Erdbeben in Chili*«, in: Wellbery (s. Anm. 1), S. 54–68, hier: S. 64 f.

ne Frau verloren. Auch er nimmt mit Recha eine Adoptivtochter an, und diese fragt, inzwischen 18-jährig: »Aber macht denn nur das Blut / Den Vater? nur das Blut?« Woraufhin sie folgende Antwort erhält: »Jawohl: das Blut, das Blut allein / Macht lange noch den Vater nicht!«. Und später versichert ihr auch ihr Adoptivvater selbst: »Sei heiter! Sei gefasst! Wenn sonst dein Herz / Nur dein noch ist! Wenn deinem Herzen sonst / Nur kein Verlust nicht droht! – Dein Vater ist / Dir unverloren!«[23] Wie im *Nathan* steht am Ende das utopische Bild einer neuen Familie als Keimzelle einer versöhnten, humanen Gesellschaft.

23 G. E. Lessing, *Nathan der Weise*, hrsg. von Thorsten Krause, Stuttgart 2015, S. 144, V. 3653 f., 3662 f., S. 146, V. 3705–3708.

7. Autor und Zeit

Geschichtlicher Kontext

Als Hintergrund für Kleists Biografie sollen zunächst die zentralen geschichtlichen Zusammenhänge geschildert werden. Als Kleist im Jahre 1777 in Frankfurt an der Oder das Licht der Welt erblickt, liegt dieses relativ zentral im preußischen Herrschaftsgebiet. Nach dem Siebenjährigen Krieg (1756–63) hat sich der preußische Staat neben Österreich endgültig als zweite Macht im Heiligen Römischen Reich Deutscher Nation etabliert und gilt neben England, Frankreich, Russland und Österreich als fünfte europäische Großmacht. König Friedrich II. (genannt: der Große) verfügt nicht nur über ein gut ausgerüstetes stehendes Heer, sondern fördert auch die Künste und baut Berlin von einer provinziellen Residenzstadt zum wirtschaftlichen und politischen Machtzentrum Norddeutschlands aus. Sein Staatswesen ist straff organisiert und fußt bis in die entfernteste Provinz auf einer adligen Elite, zur der mit Abstrichen auch die Familie Kleist gehört.

■ Preußen als europäische Großmacht

Als 1789 mit dem Sturm auf die Bastille in Paris die Französische Revolution losbricht, beginnen zwei chaotische Jahrzehnte, die ganz Europa prägen. In Preußen verbreitet das revolutionäre Frankreich gleich doppelt Angst und Schrecken. Einerseits müssen sich die Nachfolger Friedrichs des Großen fürchten, dass die revolutionäre Stimmung auch Preußen erreicht und die Bevölkerung aufbegehrt. Große Teile der intellektuellen Szene sympathisieren mit den Ideen der Französischen Revolution. Schiller wird beispielsweise französischer Ehrenbürger. Die Hinrichtung des französischen Königs Ludwig XVI. im Jahr 1793 verstärkt diese Angst noch.

Die Ideen der Französischen Revolution

Andererseits stellt Frankreich eine ganz konkrete militärische Bedrohung dar. In zahlreichen Kriegen in immer wechselnden Koalitionen kämpfen alle Monarchien Europas gegen Frankreich, das zunächst eine Republik und dann unter Napoleon ein Kaiserreich ist. Preußen schließt bereits 1795 mit dem Frieden von Basel ein Abkommen mit Frankreich und verhält sich von nun an neutral, bevor es 1806 wieder in die Koalition gegen Frankreich eintritt. Bereits im Oktober 1806 marschiert Napoleon in Berlin ein, und es dauert noch bis zum Wiener Kongress 1814/15, bis sich die Lage in Europa wieder entspannt hat.

Die Koalitionskriege

In den Wirren dieser sogenannten Koalitionskriege geht im Jahr 1806 das Heilige Römische Reich Deutscher Nation unter. Das »Alte Reich« hatte zuvor die (hauptsächlich deutschsprachigen) Staaten in der Mitte Europas unter einem gemeinsamen Kaiser locker zusammengehalten. Nun löste es sich in seine Einzelstaaten auf, in denen ein neuer Patriotismus entstand. Auch wenn es keinen deutschen Staat gibt, sondern auf dem Gebiet des heutigen Deutschlands zahlreiche Staaten mit eigener Herrschaft, Währung und Zensur existieren, so ist es doch die gemeinsame Kultur, an die immer mehr politisierte Autoren ap-

Untergang des Alten Reiches und neuer Patriotismus

pellieren. In Abgrenzung zum Feind, den Franzosen, entsteht ein deutsches Nationalbewusstsein, das auch Kleist beeinflusst.

Kleists Leben

Das Leben des Autors ist geprägt von Unstetigkeit, finanzieller Misere und literarischen Misserfolgen. Obwohl es in die Zeit fällt, in der sich zum ersten Mal eine politische und literarische Öffentlichkeit herausbildet und über die wir dank der ersten Zeitungen und Zeitschriften gut unterrichtet sind, »liegt über weite Strecken von Kleists Leben ein seltsames Dunkel gebreitet«.[24] Kleists voller Name lautet Bernd Heinrich Wilhelm von Kleist. Schon sein Geburtsdatum lässt sich nicht genau bestimmen. Die Eintragung in das Kirchenbuch nennt den 18. Oktober 1777, während Kleist selbst den 10. Oktober angibt.

Der Name Kleist

Kleist entstammt einem alten pommerschen Adelsgeschlecht. Sein Stammbaum lässt sich bis ins Mittelalter zurückverfolgen und der Name Kleist ist in Preußen weit verbreitet. Im Jahr 1806 tragen über 50 Offiziere der preußischen Armee diesen Namen. Heinrich von Kleist ist zwar der älteste Sohn, hat aber vier ältere Schwestern, von denen vor allem Ulrike in seinem späteren Leben eine Rolle spielen soll. 1788 verstirbt sein Vater und 1793 seine Mutter. Mit 16 Jah-

24 Heinrich von Kleist, *Sämtliche Werke und Briefe*, zweibändige Ausgabe in einem Band, hrsg. von Helmut Sembdner, München [3]2013, Bd. 2, S. 7.

ren ist Kleist Vollwaise. Er erhält Hausunterricht, und ihm wird eine protestantisch geprägte Bildung zuteil.

Mit gerade einmal 14 Jahren tritt er als Gefreitenkorporal in das preußische Heer ein und ist in Potsdam stationiert. Kurz darauf wird er konfirmiert. 1793 wird sein Regiment nach Frankfurt am Main verlegt, um am Rheinfeldzug gegen Frankreich teilzunehmen. Kleist nimmt an der Belagerung von Mainz teil und zweifelt immer mehr am Soldatendasein. Dank des 1795 geschlossenen Friedens von Basel kann Kleist, der mittlerweile zum Fähnrich befördert worden ist, zurück nach Potsdam. Nach einer weiteren Beförderung zum Offizier scheidet er 1799 auf eigenen Wunsch aus dem Militärdienst aus.

■ Zeit beim Militär

Die folgenden Jahre sind von großer Unsicherheit geprägt. Zunächst schreibt sich Kleist an der Universität von Frankfurt an der Oder ein. Er studiert Physik und Mathematik, beschäftigt sich mit Kant und Rousseau und hört Vorlesungen über Kulturgeschichte und Naturrecht. Nach nur drei Monaten exmatrikuliert er sich wieder. Er verlobt sich inoffiziell mit Wilhelmine von Zenge, löst jedoch diese Bindung nach etwa zwei Jahren bereits wieder. In Berlin erwägt er 1801, eine Beamtenlaufbahn anzustreben. Doch dann reist er nach Paris, Basel, Dresden, Mailand und Mainz und startet erste schriftstellerische Versuche, bevor er doch 1804 in Königsberg in den preußischen Staatsdienst eintritt. Er arbeitet für den Reformer Hans Jakob von Auerswald und hört Vorlesungen über

■ Studium, Verlobung und Staatsdienst

Staats- und Finanzwissenschaft. Bereits 1806 scheidet er auch aus dem Staatsdienst aus.

Im August 1806 legt Franz II. die Kaiserkrone des Heiligen Römischen Reiches deutscher Nation nieder und das Alte Reich hört auf zu existieren. Im Oktober zieht Napoleon durch das Brandenburger Tor. Im Dezember stellt Kleist *Das Erdbeben in Chili* fertig. Der Staat, dem Kleists Vorfahren gedient haben, ist besetzt, der deutsche Staatenbund ist Geschichte. Nun »ist Kleist – gleich Jeronimo und Josephe im *Erdbeben in Chili* – dazu entschlossen, den ›Umsturz alle Verhältnisse‹ zu seiner Chance zu machen«.[25] Er entschließt sich, freier Schriftsteller zu werden.

■ Der Entschluss, Schriftsteller zu werden

In der ersten Hälfte des Jahres 1807 sitzt Kleist in französischer Kriegsgefangenschaft. Währenddessen und schon zuvor ist er schriftstellerisch tätig. Die Komödie *Der zerbrochne Krug* entsteht 1803 bis 1806 und wird bis heute viel aufgeführt. Bei der Premiere am Weimarer Hoftheater im Jahr 1808 wird das (von Goethe veränderte) Stück jedoch ausgepfiffen. Erst nach dem Tode Kleists wird es in einer vollständigen Fassung gedruckt. Goethe hat seine Finger auch bei einem weiteren Kleist-Drama im Spiel. *Das Käthchen von Heilbronn* muss in den Jahren 1807 bis 1808 mehrmals umgearbeitet werden, und Goethe bezeichnet es als ein »Gemisch von Unsinn und Sinn«[26] und weigert sich konsequent, es aufzuführen. Deshalb wird es 1810 schließlich in Wien und nicht in Berlin oder

■ Kleist als Dramatiker

25 Günzel (s. Anm. 7), S. 207.
26 Ebd., S. 254.

Abb. 7: Porträt Heinrich von Kleists, Reproduktion einer Illustration von Peter Friedel (1801)

Weimar uraufgeführt. Weitere Dramen, die Kleist im ersten Jahrzehnt des 19. Jahrhunderts verfasst, werden erst nach seinem Tod uraufgeführt: *Prinz Friedrich von Homburg* (1821), *Die Hermannsschlacht* (1839), *Penthesilea* (1876), *Amphitryon* (1899) und *Robert Guiskard, Herzog der Normänner* (1901).

Im Jahr 1808 befindet sich Kleist in Dresden und gibt gemeinsam mit dem Philosophen Adam Heinrich

Kleist als Herausgeber

Müller die Monatsschrift *Phöbus – Ein Journal für die Kunst* heraus. Das Journal ist nach dem Beinamen des griechischen Gottes Apollon benannt und inhaltlich an Schillers Literaturzeitschrift *Die Horen* angelehnt. Die nur zwölf erschienenen Ausgaben füllt Kleist zum Großteil selbst: Es erscheinen Gedichte, Erzählungen und Fabeln, und die meisten seiner Dramen gehen zumindest in Auszügen in den Vordruck. Nach einem Jahr wird die Zeitschrift aufgrund schlechter Kritiken und wirtschaftlichen Misserfolgs wieder eingestellt. Das Jahr 1809 verbringt Kleist größtenteils im damals österreichischen Prag und arbeitet unter anderem an seinem Band *Erzählungen*, bevor er 1810 dauerhaft in Berlin lebt. Er gibt die *Berliner Abendblätter* heraus. Die Zeitung gilt als erste Berliner Tageszeitung und steht im ständigen Konflikt mit den Zensurbehörden des preußischen Staates. Kleists theoretische Schrift *Über das Marionettentheater* wird im Dezember 1810 in der Zeitung veröffentlicht, doch auch sie wird erst nach seinem Tod von anderen Autorinnen und Autoren in ihrer Bedeutung wahrgenommen und geschätzt. Nach einem halben Jahr muss der junge Künstler auch dieses Projekt aufgeben. Die letzte Ausgabe erscheint am 30. März 1811.

Kleist als Erzähler

Nach den Veröffentlichungen in den größtenteils selbstverlegten Zeitschriften gibt Kleist seine Proseschriften in zwei Bänden heraus. Sie tragen die schlichten Titel *Erzählungen* und *Erzählungen II* und erscheinen in den Jahren 1810 und 1811. Auch wenn diese Schriften von der Kritik teilweise gelobt werden (siehe dazu Kapitel 8: »Rezeption«), reichen die kargen Einnahmen nicht, um den glücklosen Literaten finanziell zu sanieren.

Kleist als Briefeschreiber

Neben den eben erwähnten Werken sind auch zahlreiche Briefe des Autors überliefert. Einige sind eher geschäftlicher Natur, etwa an potenzielle Verleger oder preußische Politiker gerichtet, die ihm eine Anstellung verschaffen könnten. Andere sind an befreundete Literaten wie zum Beispiel Achim von Arnim oder seine Verlobte Wilhelmine von Zenge adressiert. Die meisten Briefe schreibt Kleist jedoch an seine Halbschwester Ulrike (58 Stück) und an die angeheiratete Verwandte Marie von Kleist (14 Stück). Sie zeugen von einem hohen künstlerischen Gehalt und gleichzeitig von größter Intimität und sind auch unter ästhetischen Gesichtspunkten lesenswert. So beschreibt Kleist seine ausweglose Situation in einem Brief im September 1811 mit geradezu lyrischen Worten:

> »Wirklich, es ist sonderbar, wie mir in dieser Zeit alles, was ich unternehme, zugrunde geht; wie sich mir immer, wenn ich mich einmal entschließen kann, einen festen Schritt zu tun, der Boden unter meinen Füßen entzieht.«[27]

27 Kleist (s. Anm. 24), S. 878.

Kleists Tod

Suizid

Am 21. November 1811 schießt Heinrich von Kleist Henriette Vogel ins Herz und anschließend mit einer zweiten Pistole sich selbst in den Mund. Beim Entdecken der Leichen auf einem Hügel mit Blick auf den Kleinen Wannsee wird noch eine dritte Waffe gefunden. Kleist hat nichts dem Zufall überlassen. Am Tag zuvor haben sich die beiden Freunde in den Stimmingschen Krug bei Potsdam einquartiert – mit der Absicht, sich das Leben zu nehmen. Sie verbringen dort die Nacht und verlangen nur Kaffee zum Frühstück. Auch bestellen die beiden kein Mittagessen. Am Nachmittag lassen sie sich zwei Stühle ans Ufer stellen, was das Personal verwundert, denn schließlich ist es ein kalter Novembertag. Kurze Zeit später sind zwei Schüsse zu hören.

Henriette Vogel

Der junge Dichter und Henriette Vogel kennen sich seit etwa zwei Jahren, und sie teilen die Liebe für die Musik und die Literatur. Sie verbindet keine körperliche Liebe, sondern eine geistige. Gerüchte, die auch von Marie von Kleist gestreut werden, behaupten zwar das Gegenteil, aber keine der gängigen Kleist-Biografien geht derzeit von einer amourösen Beziehung aus.[28] Es ist auch die Sehnsucht nach dem Tod, die die beiden verbindet. Vogel ist in einer lieblosen Ehe gefangen und zudem wird die Obduktion eine Krebserkrankung feststellen. Kleist ist zeitlebens von

28 Siehe z. B. Gerhard Schulz, *Kleist. Eine Biographie*, München 2007, S. 524.

finanziellen Nöten geplagt, und auch wenn er im Jahr zuvor gleich vier Bücher veröffentlicht hat, so bleibt neben dem pekuniären Erfolg auch der literarische größtenteils aus. Kleist ist hoch verschuldet und die »Einnahmen aus den neuen Büchern bedeuteten ein Taschengeld dagegen«.[29] Auch das Scheitern seiner *Berliner Abendblätter* hat der junge Autor nie überwunden.

Selbstverständlich bleibt die Nachricht vom Freitod eines mehr oder minder bekannten Künstlers nicht unkommentiert. Sofort bilden sich Legenden um den Tod Kleists, denen er selbst auch etwas Vorschub leistete, da er große Teile seines Nachlasses vernichtet hat. Die publizistische Öffentlichkeit spaltet sich in zwei Lager. Einige Romantiker stilisieren Kleist zum Helden, und ein Liebespaar will die Tat im Berliner Tiergarten gar nachahmen. Das literarische Establishment hält jedoch nicht mit Beleidigungen zurück. Kleist wird »Unehre« und »Querköpfigkeit« vorgeworfen und er wird als »Tollhäusler« und »unheilbar Kranker« bezeichnet.[30] Schließlich wird er zum Repräsentanten einer neuen Literatur stilisiert, doch diese sei »ein verpesteter Sumpf, der beinahe nichts als Basilisken ausbrütet«.[31]

■ Großes öffentliches Interesse

Suizid ist im Preußen des frühen 19. Jahrhunderts eine Straftat, und das Christentum verurteilt die

29 Schulz (s. Anm. 28), S. 517 f.

30 Friedrich Christoph Weisser in Cottas *Morgenblatt für gebildete Stände*, zit. nach Schulz (s. Anm. 28), S. 529.

31 Ebd.

Abb. 8: Kleists Grab in Berlin. – © Luise Berg-Ehlers / Alamy Stock Foto

Selbsttötung ebenso, weswegen eine Beerdigung auf einem Friedhof außer Frage steht. Heinrich von Kleist und Henriette Vogel werden am Ort ihres Freitods bestattet. Noch heute kann man die Grabstätte am Kleinen Wannsee in Berlin besichtigen. Sie ist noch immer von stets frischen Blumen geschmückt. 1941 wird eine Gedenktafel mit einem Zitat aus Kleists *Prinz Friedrich von Homburg* ergänzt: »Nun, o Unsterblichkeit, bist du ganz mein.«

Kleists Grab und Abschiedsbrief

Kleists letzte gesicherte Worte sind seinem Abschiedsbrief an seine Halbschwester Ulrike zu entnehmen:

> »Ich kann nicht sterben, ohne mich, zufrieden und heiter, wie ich bin, mit der ganzen Welt, und somit auch, vor allen anderen, meine teuerste Ulrike, mit Dir versöhnt zu haben [...]; wirklich, Du hast an mir getan, ich sage nicht, was in Kräften einer Schwester, sondern in Kräften eines Menschen stand, um mich zu retten: die Wahrheit ist, dass mir auf Erden nicht zu helfen war. Und nun lebe wohl; möge Dir der Himmel einen Tod schenken, nur halb an Freude und unaussprechlicher Heiterkeit dem meinigen gleich: das ist der herzlichste und innigste Wunsch, den ich für Dich aufzubringen weiß.«[32]

32 Kleist (s. Anm. 24), S. 887.

8. Rezeption

Einigen Briefen, die Kleist in den Jahren 1801 und 1802 schreibt, ist zu entnehmen, dass er die Idee zur Erzählung bereits drei Jahre vor Beginn der Niederschrift hat. Fertiggestellt ist sie im Dezember 1806. Während Kleist in der ersten Hälfte des Jahres 1807 in französischer Kriegsgefangenschaft ist, sendet sein Freund Otto August Rühle von Lilienstern das Manuskript an den Verleger Johann Friedrich Cotta. Dieser bestimmt es für seine Zeitschrift *Morgenblatt für gebildete Stände*, wo die Erzählung in fünf Ausgaben vom 10. bis 15. September 1807 unter dem Titel *Jeronimo und Josephe. Eine Scene aus dem Erdbeben zu Chili, vom Jahr 1647* erscheint.

■ Erstveröffentlichung

Nach der Entlassung aus der Gefangenschaft verweilt Kleist in Dresden und fordert den Verleger am 17. 9. 1807 in einem Brief auf, ihm das Manuskript zurückzusenden. Doch da ist es bereits vollständig veröffentlicht. Kleist will über die Erzählung »auf eine andre Art verfügen«,[33] was er drei Jahre später auch macht, als er sie in seinen Band *Erzählungen* integriert. Bis auf die neue Einteilung in nur noch drei Absätze ist die Erzählung beinahe unverändert übernommen worden. Der Hauptunterschied ist der neue Titel, unter dem das Werk auch heute noch bekannt ist.

■ Versuch eines Widerrufs und Zweitveröffentlichung

Wie im vorherigen Kapitel angesprochen, ist Kleist zu seinen Lebzeiten eher ein literarischer Außensei-

33 Kleist (s. Anm. 24), S. 791.

ter. Für seinen Erzählungsband erhält der junge Schriftsteller gerade einmal 50 Taler als Vorschuss, und er erscheint in nicht allzu hoher Auflage. Dementsprechend lassen sich nicht viele zeitgenössische Kritiken zum *Erdbeben in Chili* finden. Besprechungen der Erstveröffentlichung im *Morgenblatt für gebildete Stände* liegen uns heute überhaupt keine vor.

Der Erzählungsband aus dem Jahre 1810 hinterlässt zumindest einige Spuren. So fällt er in Wien der Zensur zum Opfer, wofür vor allem das *Erdbeben in Chili* mit seinen »unmoralischen Stellen« und seinem Ende, das gar als »gefährlich« eingestuft wird, verantwortlich ist.[34] Dass Schriftsteller in Europa zensiert werden, mag uns heute als ungewöhnlich und unerhört erscheinen, doch zu Beginn des 19. Jahrhunderts gehört das zur Tagesordnung. Auch Kleists selbst verlegte Zeitung, die *Berliner Abendblätter*, hat stets mit der Zensur zu kämpfen. In den meisten deutschen Ländern genügt es während der Kriege gegen das revolutionäre Frankreich bereits, einen französischen Stil zu haben oder als zu frankophil zu gelten, um mit den örtlichen Zensurbehörden in Konflikt zu geraten.

■ Zensur

Man muss dabei berücksichtigen, dass eine Kulturszene, die den ganzen deutschsprachigen Raum umfasst, gerade erst am Entstehen ist. Zuvor üben englische oder französische Autorinnen und Autoren einen großen Einfluss auf die deutschen Staaten aus, und der Literaturbetrieb findet vor allem an den Hö-

34 Karl Glossy, in: *Jahrbuch der Grillparzer-Gesellschaft* 33 (1935), zit. nach: Appelt/Grathoff (s. Anm. 11), S. 108.

fen der Adligen statt. Zwar befinden wir uns im Jahre 1810 schon nach der Weimarer Klassik, und Schillers Dramen sowie Goethes Schriften werden von der Nordsee bis an die Alpen gelesen, doch braucht das neue deutsche Nationalgefühl oft das französische Feindbild, um sich zu bewähren. Vor diesem Hintergrund wundert es nicht, wenn Wilhelm Grimm in der *Zeitung für die elegante Welt* schreibt:

Zeitgenössische Rezensionen der *Erzählungen*

»Die Erzählungen nun, welche Herr von Kleist dem Publikum übergibt, sind keineswegs französischer, sondern durchaus deutscher Art, und nur um so vortrefflicher. Sie verdienen unstreitig den besten beigezählt zu werden, welche unsere Literatur aufzuweisen hat, und sind besonders in Rücksicht der Gründlichkeit, der Tiefe und des reinen Lebenssinns, sowie der kraftvollen, anschaulichen und tiefwirkenden Darstellungen nicht genug zu rühmen. [...]

In Betreff des Stiles bemerken wir, daß der Verfasser zwar in seiner Darstellung auf Objektivität hinstrebt, und diese auch im ganzen sehr glücklich erreicht, daß jedoch dieses Hinstreben im einzelnen öfters noch zu sichtbar ist, als daß man nicht eine gewisse Künstlichkeit verspüren sollte.«[35]

35 Wilhelm Grimm, *Zeitung für die elegante Welt*, 24. 11. 1810, zit. nach: *Heinrich von Kleists Lebensspuren. Dokumente und Berichte der Zeitgenossen*, erweiterte Neuausgabe, hrsg. von Helmut Sembdner, Frankfurt a. M. 1977, S. 305–307.

Die hier kritisierte Künstlichkeit kann man Kleists Erzählungen genauso gut als Stärke auslegen, siehe hierzu Kapitel »Interpretationsansätze«, S. 94–96. Grimm schließt mit einer positiven Bemerkung: »*Das Erdbeben in Chili*, ist ein kraftvolles Gemälde von den Wechseln des Glücks, in den erschütterndsten und rührendsten Situationen.«[36]

Friedrich Weisser lobt im *Morgenblatt* Ende des Jahres 1810 zwar den Band als Ganzes und hebt besonders *Michael Kohlhaas* hervor, kritisiert aber *Das Erdbeben in Chili* als »zu skizzenhaft behandelt«.[37]

Nach Kleists spektakulärem Tod und zahlreichen Publikationen über dessen Umstände wird es zunächst für einige Jahrzehnte ruhig um den Dichter. Kleist selbst hat weite Teile seines Nachlasses vernichtet, und seine Familie verweigert potenziellen Biografen die Auskunft. Goethe wendet sich öffentlich von ihm ab, und es dauert bis in die 1860er Jahre, bis Kleist wiederentdeckt wird. Wie so oft liest jede Zeit das Ihre in einen Autor hinein. Im werdenden deutschen Kaiserreich wird zunächst sein preußischer und dann sein deutscher Patriotismus gelobt. Diese Linie lässt sich bis zur Herrschaft der Nationalsozialisten verfolgen, als die 1920 gegründete Kleist-Gesellschaft gleichgeschaltet wird und in der NS-Kulturgemeinde aufgeht.

■ Nachruhm und Renaissance

Nach dem Zweiten Weltkrieg erfreut sich Kleist auf

36 Grimm (s. Anm. 35), S. 308.

37 Friedrich Weisser, *Morgenblatt*, 18. 12. 1810, zit. nach Sembdner (s. Anm. 35), S. 310.

beiden Seiten der innerdeutschen Grenze großer Beliebtheit. In der DDR sieht man ihn trotz adliger Abstammung als Rebell gegen die fürstliche Obrigkeit und in der BRD als Vorkämpfer der Freiheit.

Status als Klassiker

Ebenfalls in der Nachkriegszeit erhält *Das Erdbeben in Chili* den Status eines Klassikers: Es erfreut sich in Ost- und Westdeutschland großer Beliebtheit bei Lehrerinnen und Schülern, wofür zahlreiche Verwendungen für Abiturprüfungen sprechen. Nicht zuletzt ist hierfür die Kürze und Prägnanz des Werkes verantwortlich. Stilelemente, die von Zeitgenossen noch kritisiert worden sind, werden nun positiv hervorgehoben. Der ostdeutsche Schriftsteller Klaus Günzel schreibt: »Der Stil des Erzählers Kleist ist, indem er Elemente der Chronik benutzt und die Reportage vorwegnimmt, sachlich berichtend, zuweilen scheinbar weitschweifig.« Zugleich lobt er die »Erzählhaltung, die die dramatischen Zuspitzungen der Handlung mit atemberaubender Spannung vorträgt, kurze lyrische Ruhepunkte einschaltet, aber völlig auf Reflexion oder Mitteilung der Meinung des Verfassers verzichtet. Der Leser wird mit der Geschichte konfrontiert und seinem eigenen Urteil überlassen.«[38]

Kleist-Preis

Seit 1912 wird der Kleist-Preis an junge Autorinnen und Autoren verliehen, die talentiert sind, aber wie Kleist selbst keine finanzielle Absicherung haben. Bis 1933, als die Kleist-Stiftung, die den Preis verleiht,

38 Günzel (s. Anm. 7), S. 205.

aufgelöst wird, erhalten 34 Autorinnen und Autoren die Ehrung. Zu ihnen gehören unter anderem Bertolt Brecht, Robert Musil, Carl Zuckmayer, Ödön von Horváth und Else Lasker-Schüler. 1985 wird der Preis neu aufgelegt und seitdem jährlich an eine Autorin oder einen Autor verliehen. Schnell gerät der Preis in die Kritik, da Autorinnen und Autoren gefördert werden, die zwar begabt, aber bereits erfolgreich sind, was der ursprünglichen Satzung von 1912 widerspricht. Tatsächlich finden sich unter den Preisträgern die erfolgreichsten deutschen Schriftstellerinnen und Schriftsteller der Gegenwart, wie zum Beispiel Judith Hermann, Herta Müller, Daniel Kehlmann, Wilhelm Genazino oder Ferdinand von Schirach.

Nicht nur in Reden anlässlich der Verleihung des Kleist-Preises finden sich zahlreiche Äußerungen zum *Erdbeben in Chili* oder zu Kleist im Allgemeinen, sondern auch in theoretischen Schriften oder persönlichen Aufzeichnungen. Die Lektüre des jungen Dichters scheint ganze Generationen von Autoren geprägt zu haben:[39] Als erster begeisterter Kleist-Anhänger kann Ludwig Tieck (1773–1853) gelten. Er nennt die Erzählung in einer Vorrede zu einer Gesamtausgabe »eine Skizze in wenigen Strichen gezeichnet, die eine Meisterhand verraten«.[40]

Autoren, die sich zu Kleist äußern

Franz Kafka (1883–1924) gilt als ein großer Anhän-

39 Nach: Appelt/Grathoff (s. Anm. 11), S. 119–140.

40 Ludwig Tieck, »Vorrede«, in: *Heinrich von Kleists hinterlassene Schriften*, hrsg. von L. T., Berlin 1821, S. LXI, zit. nach Appelt/Grathoff (s. Anm. 11), S. 122.

ger Kleists. In seinem *Prozess* bezieht er sich intertextuell auf Kleists *Michael Kohlhaas*, und auch die Lebensgeschichten der beiden Autoren weisen einige Parallelen auf. Zahlreiche Aussprüche Kafkas über Kleist sind überliefert, wie beispielsweise aus einem Brief an seinen Freund und Verleger Max Brod: »Kleist bläst in mich wie in eine alte Schweinsblase«.[41]

Carl Jacob Burckhardt (1891–1974) schreibt in einem Brief an Hugo von Hofmannsthal: »Wenn man weiß, was ein Kleist aus einer Zeitungsnotiz zu machen fähig war, als er das ›Erdbeben von Chile‹ erzählte, einen Vorgang unter tausenden in jene Höhe und Allgemeinheit erhebend, wo alles paradigmatisch wirkt, so erkennt man, dass ein schöpferischer Vorgang immer das Gesetz eines Ereignisses ins Unendliche steigert, ohne jemals auch nur einen Zoll breit von seiner Notwendigkeit abzuweichen.«[42]

Thomas Mann (1875–1955) schreibt 1955, Kleists Erzählersprache sei etwas absolut Singuläres. Es genüge nicht, sie »historisch« zu lesen, denn auch zu seiner Zeit habe kein Mensch so geschrieben wie er. Nachdem er auf die Besonderheit der dass-Sätze Kleists eingeht, schreibt er weiter: »Berühmt als Meisterstück gedrängter Exposition ist der Anfangssatz des ›Erdbebens von Chili‹, der mit souveräner Sachlichkeit alles

41 Franz Kafka, *Briefe 1902–1924*, hrsg. von Max Brod, Frankfurt a. M. 1975, S. 87, zit. nach: Appelt/Grathoff (s. Anm. 11), S. 130.

42 Carl Jacob Burckhardt, zit. nach: Appelt/Grathoff (s. Anm. 11), S. 131.

Nötige unterzubringen und in schöner Gliederung auf einmal anzusprechen weiß.«[43]

Verfilmung aus dem Jahr 1975

Heute nur schwer zugänglich ist die Verfilmung von 1975: Sie ist nicht auf DVD erhältlich, bei keinem Streaminganbieter verfügbar, und es sind auch keine Ausstrahlungen im TV geplant. Die Regisseurin Helma Sanders interpretiert die Erzählung für ihre Produktion für das ZDF beinahe völlig neu. Nur die grobe Handlungsstruktur bleibt beibehalten: Jeronimo und Josephe sind ineinander verliebt, doch ihr Verhältnis wird nicht geduldet. Es kommt beinahe zur Hinrichtung und dann zum Erdbeben, zum Versuch einer sozialen Utopie und schließlich zum Gemetzel. Am Anfang und Ende der Verfilmung spricht ein Erzähler als Stimme aus dem *Off* einige Zitate aus dem Kleist-Werk ein.

Doch die Unterschiede überwiegen: Jeronimo ist nicht nur Emporkömmling, sondern auch Indio, was einen neuen Handlungsstrang initiiert. Immer wieder verhalten sich beinahe alle Figuren ihm und anderen Ureinwohnern Südamerikas gegenüber rassistisch. Im Verlauf der Handlung erscheint Jeronimo als eine deutlich stärkere Figur als in der Erzählung, denn er ist es, der die soziale Utopie einer klassenlosen Gesellschaft, in der auch die ethnische Herkunft keine Rolle spielt, durchsetzen will. Die Schlussszene um den Schustermeister Pedrillo ist ebenso von Rassis-

43 Thomas Mann, *Gesammelte Werke in zwölf Bänden*, Bd. 9: *Reden und Aufsätze*, Frankfurt a. M. 1960, S. 832 f., zit. nach: Appelt/Grathoff (s. Anm. 11), S. 135.

mus durchdrungen wie die anfängliche Rüge Jeronimos und Josephes wegen ihres Verhältnisses.

Die schon bei Kleist angelegte Kritik an der katholischen Kirche wird deutlich gesteigert, insbesondere indem den Kirchenoberhäuptern in der Verfilmung mehr Raum gegeben wird, den sie mit fanatischem Glaubenseifer füllen.

Seit den 2000er Jahren hat der Trend, Gattungsgrenzen zu ignorieren und Prosawerke dramaturgisch zu inszenieren, auch die deutsche Theaterlandschaft erreicht. Stoffe, die lange als ungeeignet für die Bühne galten, werden nun in meist minimalistisch gehaltenen Aufführungen neu interpretiert. Auch die Erzählungen Kleists sind entsprechend adaptiert worden. Besonders *Michael Kohlhaas*, *Die Marquise von O…* und *Das Erdbeben in Chili* sorgen aufgrund ihrer Bekanntheit für volle Häuser. Das Staatsschauspiel in Dresden inszenierte *Das Erdbeben in Chili* 2011 mit durchweg modernen Kostümen und nüchternen Requisiten, die Inszenierung des Landestheaters Tübingen (2013) dauert nur 50 Minuten, und die Version des Theaterdiscounters in Berlin (2013) kommt mit nur einer Schauspielerin und einem Schauspieler aus. Die Liste könnte fortgeführt werden.

Adaptionen fürs Theater

9. Prüfungsaufgaben mit Lösungshinweisen

Aufgabe 1: Erörterung eines pragmatischen Textes

Erörtern Sie den Textauszug aus Immanuel Kants Schrift *Geschichte und Naturbeschreibung der merkwürdigsten Vorfälle des Erdbebens, welches an dem Ende des 1755sten Jahres einen großen Teil der Erde erschüttert hat.* Überprüfen Sie dabei, ob sich Kants theoretische Überlegungen anhand Heinrich von Kleists literarischem Beispiel *Das Erdbeben in Chili* bestätigen oder widerlegen lassen.

Der Textausschnitt ist das Ende der Schrift. Zuvor versucht Kant, auf naturwissenschaftliche Weise zu erklären, was die Ursachen für ein Erdbeben sind.

»Der Mensch ist von sich selbst so eingenommen, dass er sich lediglich als das einzige Ziel der Anstalten Gottes ansieht, gleich als wenn diese kein ander Augenmerk hätten als ihn allein, um die Maßregeln in der Regierung der Welt darnach einzurichten. Wir wissen, dass der ganze Inbegriff der Natur ein würdiger Gegenstand der göttlichen Weisheit und seiner Anstalten sei. Wir sind ein Teil derselben und wollen das Ganze sein. Die Regeln der Vollkommenheit der Natur im Großen sollen in keine Betrachtung kommen, und es soll sich alles bloß in richtiger Beziehung auf uns anschicken.

Was in der Welt zur Bequemlichkeit und dem Vergnügen gereicht, das, stellt man sich vor, sei bloß um unsertwillen da und die Natur beginne keine Veränderungen, die irgend eine Ursache der Ungemächlichkeit für den Menschen werden, als um sie zu züchtigen, zu drohen oder Rache an ihnen auszuüben.
Gleichwohl sehen wir, dass unendlich viel Bösewichter in Ruhe entschlafen, dass die Erdbeben gewisse Länder von je her erschüttert haben ohne Unterschied der alten oder neuen Einwohner, dass das christliche Peru so gut bewegt wird als das heidnische, und dass viele Städte von dieser Verwüstung von Anbeginn befreiet geblieben, die über jene sich keines Vorzuges der Unsträflichkeit anmaßen können.
So ist der Mensch im Dunkeln, wenn er die Absichten erraten will, die Gott in der Regierung der Welt vor Augen hat. Allein wir sind in keiner Ungewissheit, wenn es auf die Anwendung ankommt, wie wir diese Wege der Vorsehung dem Zwecke derselben gemäß gebrauchen sollen. Der Mensch ist nicht geboren, um auf dieser Schaubühne der Eitelkeit ewige Hütten zu erbauen. Weil sein ganzes Leben ein weit edleres Ziel hat, wie schön stimmen dazu nicht alle die Verheerungen, die der Unbestand der Welt selbst in denjenigen Dingen blicken lässt, die uns die größte und wichtigste zu sein scheinen, um uns zu erinnern: dass die Güter der Erden unserm Triebe zur Glückseligkeit keine Genugtuung verschaffen können!«

Immanuel Kant: Geschichte und Naturbeschreibung der merkwürdigsten Vorfälle des Erdbebens, welches an dem Ende des 1755sten Jahres einen großen Teil der Erde erschüttert hat. In: Kants Werke. Akademie-Textausgabe. Bd. 1: Vorkritische Schriften I: 1747–1756. Berlin: de Gruyter, 1968. S. 460 f. [Behutsam modernisiert.]

Lösungshinweise

1. Anforderungen an die Erörterung eines pragmatischen Textes

- Dieser Aufgabentyp entspricht Oberstufenniveau.
- Wie bei jeder textgebundenen Erörterung ist das Textverständnis am wichtigsten. Die Thesen der Autorin oder des Autors müssen zunächst in Form einer kurzen Textanalyse herausgearbeitet werden.
- Der Aufsatz kann auf zwei Weisen aufgebaut sein. Entweder man arbeitet eine These heraus und erörtert sie direkt im Anschluss anhand des literarischen Textes, oder man arbeitet erst alle Thesen heraus und erörtert sie im Anschluss.
- Meistens bietet es sich an, von einer Hauptthese oder Hauptfrage auszugehen und dieser andere Gesichtspunkte unterzuordnen.
- Am Ende der Erörterung ist eine persönliche Stellungnahme mit einer klaren Positionsbeziehung gefordert.
- In der Einleitung des Aufsatzes werden sowohl die Autorin des pragmatischen Textes als auch der Autor des zur Erörterung herangezogenen literarischen Textes genannt.

2. (Inhaltliche) Besonderheiten dieser Erörterung

- Der Ausgangspunkt des Textes ist die Beobachtung, dass der Mensch glaubt, auf ihn allein und nicht auch auf die übrige Natur richte sich das Interesse Gottes. Deswegen gehe der Mensch davon aus, Naturkatastrophen (oder speziell Erdbeben) hätten stets ihn als Ziel.
- Diese Beobachtung kann anhand mehrerer Figuren aus *Das Erdbeben in Chili* bestätigt werden. In der Predigt des Chorherrn wird Jeronimos und Josephes Verhalten als eine der Ursachen des Bebens angesehen (siehe Vergleich mit Sodom und Gomorrha, S. 18). Er geht ebenso wie der Mob von einer von Menschen gemachten Ursache der Katastrophe aus.
- Diese Meinung widerlegt Kant im Folgenden, indem er seine These, Erdbeben seien keine Strafe Gottes, begründet: Erstens gebe es Erdbeben nicht nur in heidnischen, sondern auch in christlichen Ländern. Zweitens gebe es Städte und Personen, die bislang von Erdbeben verschont blieben, obwohl sie moralisch nicht höher stehen als andere.
- Diese These kann anhand der Erzählung je nach Blickwinkel bestätigt oder widerlegt werden. Bestätigung: Nimmt man die beiden Hauptfiguren als Übeltäter an, da sie ein uneheliches Kind zeugen, und beobachtet, dass sie vom Erdbeben profitieren, ist es für sie keine Strafe Gottes. Widerlegen kann man die These, indem man die Institutionen, die das Leiden Josephes verursachen, als Übeltäter annimmt. Die Gebäude dieser In-

stitutionen werden zerstört (S. 8) und ihre Vertreter getötet. Somit könnte man annehmen, sie würden tatsächlich durch das Erdbeben gestraft.

- Je nach Vorgehensweise muss im Fazit des Aufsatzes geschrieben werden, dass die These Kants eindeutig oder nur teilweise bestätigt wird.

Aufgabe 2: Innerer Monolog Don Fernandos

Die Erzählung endet mit dem Satz: »Don Fernando und Donna Elvire nahmen hierauf den kleinen Fremdling zum Pflegesohn an; und wenn Don Fernando Philippen mit Juan verglich, und wie er beide erworben hatte, so war es ihm fast, als müsst er sich freuen.« (S. 22)
Verfassen Sie einen inneren Monolog, in dem begründet wird, warum sich Don Fernando über seinen Pflegesohn freut. Gehen Sie dabei auch auf die vorherige Handlung und auf den Verlust des leiblichen Kindes ein.

Lösungshinweise

1. Anforderungen an einen inneren Monolog

- Dieser Aufgabentyp kann Mittel- oder Oberstufenniveau entsprechen.
- Ein innerer Monolog ist eine Sonderform des Monologs. Die Wörter werden auch in der literarischen

Realität nicht ausgesprochen; es handelt sich lediglich um die Gedanken einer Figur. Die Leserinnen und Leser erhalten die direkte Innenperspektive auf eine Figur.

- In einem inneren Monolog gibt eine Figur ihre geheimsten Gefühle und Regungen ungefiltert preis, so dass die Leserinnen und Leser ihre psychische Verfassung nachvollziehen können.
- Er wird im Präsens und der ersten Person Singular verfasst.
- Stilistisch und sprachlich soll der innere Monolog zur übrigen Figurenrede passen. Vor allem auf eine angemessene Wortwahl ist zu achten.
- Der innere Monolog muss sich in den Handlungszusammenhang einfügen. Logischen Fehlern, falschen Bezügen oder nicht plausiblen Gedankengängen kann nur durch gute Textkenntnis vorgebeugt werden.
- Es handelt sich hierbei um gestaltendes Interpretieren. Originelle Gedanken sind zwar erlaubt, aber nicht gefordert.
- Anders als die meisten Aufsatzformen erfordert das gestaltende Interpretieren keine Einleitung und keinen Schlussteil.

2. (Inhaltliche) Besonderheiten dieses inneren Monologs

- Der Monolog kann je nachdem, wie man den letzten Satz der Erzählung interpretiert, einen völlig unterschiedlichen Inhalt haben (siehe dazu im Kapitel »Interpretationsansätze« S. 96–99). Eine oder mehrere dieser Interpretationen müssen deshalb als Vorarbeit herausgearbeitet werden.

- Laut Aufgabenstellung soll auch die vorherige Handlung mit einbezogen werden. Hier darf kein logischer Fehler begangen werden.
- Zwei Stellen der vorhergehenden Handlung sind entscheidend: erstens die Übergabe Juans an Josephe (S. 12) sowie die Tatsache, dass sie ihn bei sich behält (S. 16), zweitens der Kampf Fernandos und die Rettung Philipps (S. 20 f.).

Aufgabe 3: Interpretation einer Schlüsselstelle

Die Predigt des Chorherrn (S. 17, Z. 29 – S. 18, Z. 17) kann als (zweiter) Wendepunkt der Geschichte angesehen werden.

1. Fassen Sie die für das Verständnis des Textauszuges wesentlichen Teile der Handlung kurz zusammen.
2. Analysieren und interpretieren Sie die Textstelle.
3. Erörtern Sie, ob der Chorherr den Tod von Josephe und Jeronimo wissentlich auslöst oder ihn zumindest in Kauf nimmt.

Lösungshinweise

1. Anforderungen an eine Interpretation einer Textstelle

- Dieser Aufgabentyp kann Mittel- und Oberstufenniveau entsprechen. Für die Mittelstufe entfällt der dritte Aufgabenteil.
- Die Dreiteilung der Aufgabenstellung sollte unbedingt beibehalten werden. Die drei Teile umfassen den Hauptteil des Aufsatzes. Davor steht die Einleitung mit klassischem Basissatz (Nennung von Autor, Werk, Gattung, Erscheinungsjahr und Wichtigkeit der Szene) und danach der Schlussteil, in dem die Ergebnisse aus dem zweiten und dritten Aufgabenteil resümiert werden.
- Im ersten Teil, der Zusammenfassung, sollten zumindest einige konkrete Textbezüge enthalten sein. Die eigentliche Textarbeit folgt jedoch im zweiten Teil, der Analyse des Textauszugs. Hier muss nah am Text und mit korrekter Zitation gearbeitet werden. Im dritten Teil, der Erörterung einer Detailfrage, sind Textbezüge optional, aber wünschenswert.
- Der erste Teil führt zur Textstelle hin, der zweite behandelt die eigentliche Textstelle und der dritte geht inhaltlich über sie hinaus. Die Aufgaben werden immer anspruchsvoller. Man sollte für den ersten Teil etwa zwanzig und für die weiteren Teile etwa vierzig Prozent der Arbeitszeit veranschlagen. Bei gleicher Arbeitszeit ist der zweite Teil jedoch umfangreicher als der dritte.
- Dementsprechend sind auch die verwendeten Opera-

toren (Arbeitsanweisungen) verschiedenen Schwierigkeitsstufen zuzuordnen. Bloßes **Zusammenfassen** gehört zum ersten Anforderungsbereich. Bekannte Inhalte werden in eigenen Worten wiedergegeben. Beim **Analysieren** (zweiter Anforderungsbereich) müssen Merkmale eines Textes kriterienorientiert dargelegt werden, dabei muss auch die sprachliche Darstellung berücksichtigt werden. **Interpretieren** ist bereits an der Grenze des dritten Anforderungsbereiches. Die Interpretation baut auf der Analyse auf und stellt Sinnzusammenhänge her. **Erörtern** gehört eindeutig zum dritten Anforderungsbereich. Die Problemstellung muss selbständig erfasst und Begriffe müssen gegebenenfalls definiert werden. Argumente müssen gefunden und gewichtet werden, bevor ein logisch hergeleitetes Urteil gefällt wird.

2. (Inhaltliche) Besonderheiten dieser Interpretationen

- Erster Aufgabenteil: Für das Verständnis wichtig sind die verbotene Liebe, das uneheliche Kind und das Todesurteil sowie das Erdbeben, das Überleben der beiden Protagonisten und die Messe. Fernando und andere Figuren müssen für die Aufgabenstellung nicht herangezogen werden.
- Zweiter Aufgabenteil: Es muss auf die Anspielungen auf das Jüngste Gericht und auf Sodom und Gomorrha eingegangen werden.
- Außerdem kann darauf verwiesen werden, dass der Zweck der Predigt eigentlich »Verhütung ferneren

Unglücks« (S. 15) und nicht Schuldzuweisungen sein sollten. Eine so hasserfüllte Predigt erscheint zumindest aus heutiger Sicht überraschend.

- Zudem muss die namentliche Nennung der beiden Protagonisten erwähnt werden.
- Dritter Aufgabenteil: Entscheidend ist die Frage, ob der Chorherr es für möglich halten kann, dass Jeronimo und Josephe noch leben. Geht er von ihrem Überleben aus, so muss er davon ausgehen, dass Jeronimo und Josephe Gewalt angetan wird. Denkt er, sie hätten das Beben nicht überlebt, so verflucht er sie lediglich, um den anderen Gläubigen eine Erklärung für die Naturkatastrophe zu geben.
- Die zweite wichtige Frage ist, ob der Chorherr sogar damit rechnen kann, dass Jeronimo und Josephe anwesend sind. Wenn er damit rechnet, so beschwört er das anschließende Gemetzel geradezu herauf.

Aufgabe 4: Literarische Charakteristik Jeronimos

Erstellen Sie eine literarische Charakteristik Jeronimos. Beziehen Sie die ganze Erzählung mit ein.

Lösungshinweise

1. Anforderungen an eine literarische Charakteristik

- Diese Aufgabe entspricht Mittelstufenniveau.
- In einer literarischen Charakteristik wird eine Figur eines literarischen Textes genau beschrieben und ana-

lysiert. Ihr Charakter und ihre Funktion innerhalb des Handlungszusammenhang soll verdeutlicht werden.

- Es sollen äußere und innere Merkmale genannt werden. Zu den ersteren gehören Rahmendaten wie Aussehen, Geschlecht, Beruf, Stand, und zu den letzteren Charaktermerkmale, die nicht sofort ersichtlich sind. Hierzu sind Gefühle, Regungen, Einstellungen, Sprache, Stellung zu anderen Figuren und innere Entwicklungen zu zählen.
- Figuren können direkt oder indirekt charakterisiert werden. Von einer direkten Charakterisierung spricht man, wenn der Erzähler oder eine andere Figur beschreibt, wie sich die betreffende Figur verhält. Hier ist Vorsicht geboten, denn Erzähler und insbesondere andere Figuren müssen sich dabei nicht neutral verhalten. Bei der indirekten Charakterisierung müssen die Leserinnen und Leser selbst aus dem Handeln und Sprechen einer Figur Rückschlüsse auf ihren Charakter ziehen. In einer literarischen Charakteristik soll wenn möglich auf beide Charakterisierungsweisen zurückgegriffen werden.
- Alle Interpretationsansätze müssen am Text belegt werden. Es ist auf die Regeln des korrekten Zitierens zu achten. Aussagen ohne Textbeleg können nicht bewertet werden.
- Eine vollständige literarische Charakteristik enthält nicht nur den bereits erwähnten Hauptteil, sondern auch eine Einleitung und einen Schluss. In der Einleitung sollten Autor, Titel, ggf. Erscheinungsjahr und Gattung genannt werden. Am wichtigsten ist jedoch

die Nennung der zu charakterisierenden Figur und ihre Verortung in der Handlung des literarischen Texts. Der Schlussteil muss ein wirkliches Fazit sein und sollte eine Wertung oder eine persönliche Stellungnahme enthalten.

2. (Inhaltliche) Besonderheiten dieser Charakteristik

- Zur Orientierung für die literarische Charakteristik zu Jeronimo kann das Kapitel »Figuren« dieses Lektüreschlüssels (S. 28–33) herangezogen werden.
- Da die Aufgabenstellung explizit fordert, man soll die ganze Erzählung mit einbeziehen, ist es lohnenswert zu prüfen, ob die Figur eine Wandlung durchläuft. Tatsächlich verliert die Figur Jeronimo im Laufe der Geschichte immer mehr an Gewicht und gibt den Status der männlichen Hauptfigur am Ende an Don Fernando ab.

10. Literaturhinweise/Medienempfehlungen

Text- und Werkausgaben

Heinrich von Kleist: Das Erdbeben in Chili. Text und Kontext. Hrsg. von Martin C. Wald. Stuttgart: Reclam, 2019. (Reclam XL. Text und Kontext. 19409.) – *Auf diese auf der Grundlage der gültigen amtlichen Rechtschreibregeln orthographisch behutsam modernisierte Ausgabe bezieht sich der vorliegende Lektüreschlüssel.*

Heinrich von Kleist: Sämtliche Werke und Briefe. Zweibändige Ausgabe in einem Band. Hrsg. von Helmut Sembdner. München: Deutscher Taschenbuch Verlag, [3]2013. – *Mit 2096 Seiten eine eher unhandliche Ausgabe, die im Preis-Leistungsverhältnis jedoch unschlagbar ist. Kleists im zweiten Band dieser Ausgabe (S. 160–195) enthaltene Novelle* Die Verlobung in St. Domingo *zeigt einige Parallelen zu* Das Erdbeben in Chili, *nämlich den exotischen Handlungsort, eine verbotene Liebe und ihr tragisches Ende.*

Zu Kleists Biografie

Blamberger, Günter: Heinrich von Kleist. Biografie. Frankfurt am Main: S. Fischer Verlag, 2011. – *Blamberger erzählt das Leben Kleists nicht vom Ende her, sondern ergebnisoffen und hebt sich so von anderen Lebensbeschreibungen ab.*

Günzel, Klaus: Kleist. Ein Lebensbild in Briefen und zeitgenössischen Berichten. Berlin: Verlag der Nation,

1984. – *Trotz des relativ hohen Alters und des Erscheinens in der DDR noch immer aktuell, aber mit Vorsicht zu genießen, da nicht immer wertfrei. Kleists Biografie wird begleitet von zahlreichen Bild- und Textquellen.*

Ohff, Heinz: Heinrich von Kleist. Ein preußisches Schicksal. München: Piper, 2005. – *Weniger umfangreich und einfacher zu lesen als Konkurrenzprodukte. Für die Verwendung in der Schule geeignet.*

Schulz, Gerhard: Kleist. Eine Biographie. München: Beck, 2007. – *Relativ umfangreiches Standardwerk zu Kleists Leben.*

Zum Erdbeben in Chili

Appelt, Hedwig / Grathoff, Dirk: Erläuterungen und Dokumente: Heinrich von Kleist: Das Erdbeben in Chili. Stuttgart: Reclam, 2004. – *Wort- und Sacherklärungen, sowie Schilderung des historischen Kontexts und der Wirkungsgeschichte.*

Oellers, Norbert: Das Erdbeben in Chili. In: Interpretationen. Kleists Erzählungen. Hrsg. von Walter Hinderer. Stuttgart: Reclam, 1998, S. 85–110. – *Kompakter Interpretationsaufsatz, der einen Schwerpunkt auf intertextuelle Elemente legt.*

Wellbery, David E. (Hrsg.): Positionen der Literaturwissenschaft. Acht Modellanalysen am Beispiel von Kleists »Das Erdbeben in Chili«. München: Beck, [5]2007. – *Acht Literaturwissenschaftlerinnen und -wissenschaftler interpretieren Kleists Erzählung, wobei sie erst ihre Vorgehensweise vorstellen. Besonders für die Recherche für Hausarbeit oder Referat geeignet.*

Medienempfehlungen

www.kleist-museum.de. – *Internetauftritt des Kleist-Museums in Frankfurt (Oder). Auch ein Besuch des Museums ist lohnenswert. Neben einer multimedialen Dauerausstellung zum Leben und Werk des Autors gibt es ständig wechselnde Sonderausstellungen, die sich kreativ auf Werke des Autors beziehen.*

www.heinrich-von-kleist.org. – *Von der Kleist-Gesellschaft ständig aktualisierte Seite, die Kleists Biografie knapp darstellt und auf Neuerscheinungen oder Ausstellungen rund um den Autor hinweist. Besonders spannend sind Interviews mit neun Kleist-Expertinnen und -Experten in der Rubrik »11 Fragen zu Kleist«.*

Das Erdbeben in Chili. Film von Helma Sanders. – *Die ZDF-Produktion aus dem Jahre 1975 bezieht sich nur wenig auf die Erzählung. Mit den Konflikten zwischen den spanischen Kolonialisten und den Indios wird ein zusätzliches zentrales Handlungselement eingeführt.*

Das Erdbeben in Chili. Hörbuch gelesen von Brigitte Trübenbach. – *Kostenloser Download unter www.vorleser.net (»Das Erdbeben in Chili« im Suchfenster eingeben).*

11. Zentrale Begriffe und Definitionen

Achsensymmetrie: Begriff aus der Mathematik entliehen. Er findet Anwendung, wenn die Schicksale zweier Figuren sich an einer Achse spiegeln (hier: die beiden Kleinkinder Juan und Philipp).

➤ S. 53

Anarchie: im philosophischen Sinne die Abwesenheit von staatlichen Institutionen. Oft wird der Begriff jedoch abwertend verwendet, da man davon ausgeht, dass dann Gewalt und Chaos herrschen.

➤ S. 16 f., 52

Atheismus: Weltanschauung, die die Existenz eines Gottes verneint.

➤ S. 76 f.

Aufklärung: gesamteuropäische Epoche der Philosophie und Literatur, die sich unter anderem durch rationales Denken, Fortschrittsglauben und den Toleranzgedanken auszeichnet. Ausgehend vom Erdbeben in Lissabon im Jahre 1755, beschäftigen sich die Philosophen der Aufklärung auch mit der Frage der Theodizee.

➤ S. 74–77, 84 f., 86

Deismus: Teilströmung der Aufklärung, die davon ausgeht, Gott habe die Welt zwar erschaffen, aber beeinflusse die Geschehnisse auf der Erde seitdem nicht mehr. Deisten suchen nach dem rationalen Kern der Theologie.

➤ S. 76, 78

Doppelte Historizität: Wenn ein literarisches Werk nicht in der Gegenwart des Autors, sondern in der Vergangenheit spielt und die Gegenwart des Autors vom Standpunkt der Leserin bzw. des Lesers aus schon lange zurück liegt, so spricht man von doppelter Historizität. Der Leser hat die nicht immer leichte Aufgabe, zu erkennen, welche Handlungselemente oder Ideen für die Autorin historisch und welche aktuell sind.

➤ S. 8, 65 f.

Erdbeben: Erschütterungen auf der Erdoberfläche, die von Verschiebungen der darunter liegenden tektonischen Platten verursacht werden. Die Theorie der Plattentektonik, die es erlaubt, Erdbeben zu erklären und vorherzusagen, gibt es erst seit Beginn des 20. Jahrhunderts.

➤ S. 77

Erzählform: Im Modell der Erzählsituationen von Franz Karl Stanzel wird unterschieden, ob der Erzähler in der ersten oder dritten Person Singular berichtet. Er ist dann entweder Figur der Handlung oder ist reiner Mittler zwischen Geschichte und Leserinnen und Lesern.

➤ S. 59

Erzählsituation/-verhalten: Stanzel unterscheidet in seinem Modell der Erzählsituationen drei Verhaltensweisen von Erzählern: Der neutrale Erzähler bewertet die Vorgänge der Handlung nicht. Der personale Erzähler kennt nur die Perspektive einer (oder wechselnder) Figuren; er agiert nicht selbst als handelnde Figur, sondern als reiner Mittler zwischen der erzählten Welt und den Leserinnen und Lesern. Daher berichtet er zumeist in der dritten Person Singular. Dagegen hat der auktoriale Erzähler die Innenperspektive auf alle Figuren, außerdem kommentiert und bewertet er die Vorgänge. Er ist auch nicht Teil der erzählten Welt und nutzt zumeist die dritte Person Singular.

➤ S. 59–61

Französische Revolution: Die Französische Revolution

(1789–1799) stellt einen mindestens zweifachen Einschnitt in die europäische Geschichte dar: Einerseits wird zum ersten Mal von einer breiten Masse demokratische Mitbestimmung gefordert und es werden Menschenrechte postuliert. Andererseits führt sie zu über zwanzig Jahre anhaltenden Kriegen, den sogenannten Koalitionskriegen (bis 1815), an denen auch Kleist als Soldat teilnahm.

➤ S. 100 f.

Gedankenexperiment: eine Methode der Philosophie, mittels der man (wie auch bei Experimenten in den Naturwissenschaften) die Realität in einem Detail modifiziert (allerdings, wie die Bezeichnung schon andeutet, allein gedanklich). Mögliche Folgen dieser Veränderung werden anschließend diskutiert. Aus dieser Diskussion können Rückschlüsse für die Beantwortung philosophischer Fragen gezogen werden.

➤ S. 80

Heiliges Römisches Reich deutscher Nation: Staatenbund in der Mitte Europas, der Preußen und Österreich sowie die deutschen Mittel- und Kleinstaaten umfasst. Das sogenannte Alte Reich endet 1806 mit der Niederlegung der Krone durch Kaiser Franz II.

➤ S. 100 f., 104

Intertextualität: in der strukturalistischen Literaturtheorie vorherrschender Ansatz, der davon ausgeht, dass kein Text für sich alleine stehen kann. Konkret werden Parallelen oder Beziehungen zu anderen Texten herausgearbeitet, die die Autorinnen und Autoren direkt oder indirekt sowie bewusst oder unbewusst beeinflusst haben.

➤ S. 92–94, 118

Kleiner Wannsee: seit 1920 mit der Gründung Groß-Berlins Teil des Berliner Stadtgebiets. Liegt südlich des Großen Wannsees im Südwesten der Stadt. An seinem Ufer, wo Kleist sich das Leben nahm, kann man sein Grab besichtigen.

➤ S. 7, 108–111

Koalitionskriege (mit Ausnahme des Ersten Koalitionskriegs oft auch **Napoleonische Kriege** genannt): Sammelbezeichnung für sechs Kriege, die von den Monarchien Europas gegen das revolutionäre und später napoleonische Frankreich geführt werden. Kleist kämpft im ersten Koalitionskrieg auf der Seite Preußens und ist unter anderem an der Belagerung von Mainz beteiligt.

➤ S. 101

Komplementär: ›das andere ergänzend‹. Wird dieses Adjektiv auf Figuren eines Textes angewendet, so ist damit gemeint, dass die eine nur durch die andere verstanden werden kann, da sie zusammen eine vollständige Einheit bilden.

➤ S. 40 f., 88

Lynchjustiz: Tötung von Menschen ohne eine vorherige Gerichtsverhandlung und ein Gerichtsurteil, meist an Ort und Stelle eines (vermeintlichen) Verbrechens. Diese Bestrafung wird oft von aufgebrachten Menschen durchgeführt, die sich gegenseitig zu Gewalttaten anstacheln.

➤ S. 17, 51, 85 f.

Masse: Fachbegriff der Soziologie: eine große Anzahl von Menschen, konzentriert an einem Ort, die kollektiv handelt. Menschen, die Teil einer Masse sind, lassen sich zu

Handlungen verleiten, die sie alleine nicht ausführen würden.

➤ S. 87 f.

Naturzustand: kein historisch belegter, sondern ein nur gedanklicher Zustand einer Gruppe von Menschen. In Form eines ➤ Gedankenexperiments wird überlegt, wie Menschen sich verhielten, wenn es keine Form von Staatlichkeit gäbe. Viele Philosophen, am prominentesten Thomas Hobbes (1588–1679), gehen davon aus, dass in diesem Zustand das Recht des Stärkeren und folglich eine bürgerkriegsähnliche Situation herrschen würden. Deswegen sei es für Menschen erstrebenswert, sich in Gesellschaften zusammenzuschließen.

➤ S. 80–86

Novelle: Eine Prosaform mittlerer Länge. Sie ist länger als eine Kurzgeschichte und kürzer als ein Roman. Definitionen sind uneinheitlich. Meistens werden folgende Elemente genannt: »unerhörte Begebenheit« (Johann Wolfgang Goethe), Neuigkeitswert und Anspruch auf Wirklichkeit, straffe Handlungsführung mit einem zentralen Konflikt, Höhe- und Wendepunkt, Verwendung von Leitmotiven und Dingsymbol. Neutralerer Begriff: Erzählung.

➤ S. 45–48

Paradies: Laut jüdischer, christlicher und muslimischer Theologie der Ort, an dem absolute Glückseligkeit herrscht und aus dem die ersten Menschen verbannt werden. Das Paradies wird auch als Garten von Eden bezeichnet.

➤ S. 52, 81 f., 86

Parenthese: Eingeschobener Teilsatz oder Satz, der außerhalb des syntaktischen Verbundes des übergeordneten Satzes steht. Wird mit Kommata, Klammern oder Gedankenstrichen vom übrigen Satz getrennt und beim lauten Lesen durch kurze Pausen angezeigt. Typisch für die Literatur der deutschen Klassik.

➤ S. 55–57

Theodizee: Dieser philosophische Fachbegriff besteht aus den aus dem Altgriechischen stammenden Wörtern für Gott (*theós*) und für Gerechtigkeit (*díkē*). Nach Schicksalsschlägen oder Naturkatastrophen stellen sich Menschen häufig die Frage, wie Gott als allmächtiges und zugleich gerechtes Wesen so etwas zulassen kann.

➤ S. 72–80

Utilitarismus: moralphilosophische Strömung, die bis in die Gegenwart einflussreich ist. Im Mittelpunkt steht der allgemeine Nutzen einer Handlung. Dieser ist nur dann gegeben, wenn durch die Handlung mehr Freude als Leid verursacht wird. Da die Folgen nur in ihrer Gesamtheit bewertet werden, nicht aber das möglicherweise bei Einzelnen verursachte Leid berücksichtigt wird, kann auch eine für manche schlechte Handlung einen großen moralischen Wert haben.

➤ S. 89–92

Utopie: wörtlich übersetzt ›Nicht-Ort‹. Gemeint ist eine Gesellschaftsordnung, die (noch) nicht realisiert ist oder nicht realisiert werden kann. Dieser Zustand wird als positiv und erstrebenswert angesehen. Das negative Pendant lautet Dystopie.

➤ S. 17, 52, 80–86

Wendepunkt: Fachbegriff der Erzähltextanalyse. An einem

Wendepunkt ändert sich (oft unvorhergesehen) der Handlungsverlauf einer Geschichte.

➤ S. 51, 53 f., 127